VAL D'ISERE - TIGNES

HORS-PISTES
OFF-PISTE

VAL D'ISERE - TIGNES

HORS-PISTES
OFF-PISTE

Jean-Luc STEIGER,

Guy BONNEVIE,
**moniteur national de ski,
guide de haute montagne.**

avec la collaboration de:
François BURNIER,
Dominique POTARD,
guides de haute montagne.

**Traduction de *Murray BALL*,
guide de haute montagne et
*Luisa STEIGER.***

Editions

Boîte Postale 03 - 74400 ARGENTIÈRE

Dans la même collection:

"Chamonix, hors-pistes/*off-piste*" par *François BURNIER* et *Dominique POTARD*, 1991.

"Les 3 vallées, hors-pistes/*off-piste*" par *Philippe BAUD* et *Benoît LOUCEL*, 1992.

Couverture:
photo *Félix SAINT-CLAIR*

Imprimé en Italie
© Editions **VAMOS**, 1992
   Imprimerie MARCOZ s.n.c. - Place E. Chanoux, 1
     11017 Morgex (Italie) - Tél. (0165) 80.96.40
   Tous droits de traduction et de reproduction réservés pour tous pays.
   Dessins de *Dominique POTARD*.
     I.S.S.N.: 1159 - 9413
     I.S.B.N.: 2-9503673-7-2   dépôt légal: décembre 1992

Les rapports du public et du ski hors-pistes semblent échapper à toute objectivité. Si le sauvetage héliporté d'un skieur évoluant hors des sentiers battus met en émoi toute la station, les accidents quotidiens survenant sur le domaine sécurisé passent quasiment inaperçus; il est vrai que le traîneau fait malheureusement partie de l'environnement et du folklore du grand cirque blanc.

Hors des pistes en revanche, l'accident n'apparaît que comme la sanction inévitable, et légitime, pour ces inconscients qui osent braver les appels à la prudence.

Parallèlement des dizaines de films projetés dans les vidéo-bars, émissions "aventures", et autres festivals de la Glisse, gavent les adolescents d'images de virtuoses jouant avec la poudreuse, surfant les avalanches ... représentation idyllique où les dangers de la neige ne sont plus jamais évoqués.

Entre ces deux extrêmes nous croyons qu'il existe un juste équilibre; celui d'une pratique responsable faite de respect et de connaissance de la montagne.

Terre de liberté, l'altitude est un espace sauvage, qu'il faut apprendre à connaître, tout en sachant qu'il nous échappera toujours quelque chose.

Souhaitons que ce petit livre contribuera à cette connaissance, sans trahir l'éthique des gens du pays, alliage d'humilité et de sagesse.

Les éditeurs

The public view of off-piste skiing seems to escape all objectivity. If the helicopter rescue of an injured skier, who has strayed a little off the beaten track puts in a flutter the whole station, the daily accidents which happen on the patrolled domaine pass almost imperceived; it's true however, that the "blood-wagon" is an inextricable part of the folk-lore surrounding the big white circus.

On the other hand, off-piste, accidents appear as unavoidable, even legitimate for those inconscientious souls ignoring the calls for prudence.

Parellel to this, the films projected in the video-bars, "thrill-seeker" series, and other festivals "de la Glisse", bombard adolescents with images of "virtuosos" playing in the powder, or surfing down avalanches ... an idyllic representation where the dangers that the snow hides are never alluded to.

Between these two extremes there is a balance, that of a responsable approach, coming from respect and knowledge of the mountains.

At altitude there exists another environment, wild, one that takes time to understand, at the same time realising that one can never know it all ...

May this small book contribute to this knowledge, without betraying the critical ethic, a blend of humility and wisdom.

Photo: *Tim BARNETT*

AVERTISSEMENT AU LECTEUR

Ce livre a été rédigé dans la tradition alpine des guides de randonnée ou d'escalade. Il s'adresse à des skieurs avertis et responsables, conscients des risques auxquels ils s'exposent en sortant du domaine balisé. Quelles que soient les précautions prises pour éviter erreurs et divergences d'interprétation, ses auteurs ne prétendent pas être infaillibles. En ce sens ils déclinent à l'avance toute responsabilité quant aux accidents qui pourraient éventuellement survenir à ses utilisateurs.

La description des itinéraires aussi précise qu'elle soit ne saurait remplacer la connaissance réelle du terrain. Les paysages de montagne sont susceptibles d'évoluer d'une année à l'autre en fonction de l'enneigement, des congères formées par le vent, des avalanches ou de l'évolution des massifs forestiers. La qualité de la neige peut rendre dangereuse pendant plusieurs jours telle ou telle descente pourtant inoffensive quelques semaines auparavant, et cette qualité ne peut être réellement appréciée qu'en fonction de l'évolution de la météo au cours de la saison.

Pour le skieur occasionnel, le citadin ou l'étranger venu de l'autre bout du monde passer quelques jours dans les Alpes, la présence d'un moniteur ou d'un guide de haute montagne reste donc dans tous les cas une nécessité que ce recueil ne saurait remplacer.

WARNING TO THE READERS

This book has been written in the touring or climbing guide's alpine tradition. It is written for well-informed and responsible skiers who are aware of the risks involved when they leave the prepared slopes. Despite all the precautions taken to avoid any errors or misunderstandings in interpretation, the authors do not claim to be infallible. They therefore decline all responsibility for any accidents which could befall the readers using this book.

The descriptions of the itineraries however precise they may be, cannot replace a true knowledge of the terrain.
The mountain landscapes can change from year to year depending on the snow levels, snow drifts caused by the wind, avalanches or changes in the forest layouts. The quality of the snow may make certain usually very safe slopes dangerous for several days. This quality can only be fully understood by looking at the evolution of the weather conditions throughout the season.

For the occasional skier, the city dweller or the foreigner from the other side of the world who come to spend just a few days in the Alps, it is nevertheless necessary to hire a high mountain guide or ski instructor neither of which this book aspires to replace.

✧ ✧ ✧

1ère PARTIE

VERS UNE PRATIQUE
RESPONSABLE DU SKI HORS-PISTE

par:

François BURNIER et Dominique POTARD

PART ONE

TOWARDS RESPONSIBLE
OFF-PISTE SKIING

by:

François BURNIER and Dominique POTARD

A LIRE ABSOLUMENT

Le ski de piste et le ski hors-piste sont deux activités fondamentalement différentes.

Le skieur de piste évolue sur un domaine sécurisé, banalisé, où la prise de risque est minimum. Les services des pistes de chaque station veillent sur la sécurité des usagers et assurent leurs secours en cas d'accident.

Le skieur hors-piste, sans être hors-la-loi — du moins en France — échappe de sa propre volonté à ce cadre de sécurité.
Dès lors, il doit s'assumer complètement.

Assumer sa propre sécurité, mais aussi celle des autres: par exemple ne pas déclencher une avalanche qui risque de balayer une piste un peu plus bas.

Passer sous une corde de limite de piste, s'écarter d'un itinéraire balisé, n'est donc pas un acte anodin: il implique de son auteur une prise en compte de sa propre responsabilité, une acceptation totale des risques encourus.

Et cet acte ne peut se concevoir qu'en mettant toutes les chances de son côté: ne pas s'aventurer seul, être équipé correctement, ne pas se surestimer ...

Mais aussi être parfaitement renseigné sur l'itinéraire que l'on envisage de descendre: puisse ce petit livre être un ''plus'' sur ce point.

Malgré tout, il faut savoir que la montagne, et particulièrement la montagne enneigée, est un milieu plein de pièges, un milieu en mutation constante. Telle pente, sûre et bonne hier, ne le sera pas forcément demain.

L'information la plus récente est la plus fiable: il est essentiel de consulter systématiquement les bulletins nivo-météo, de lire les informations au départ des pistes, de s'enquérir des conditions du moment auprès des services compétents.

Il est tout aussi fondamental de respecter les signalisations de la station: si elle indique: «ski hors-piste fortement déconseillé», au risque de perdre des clients, c'est pour ne pas perdre de vie humaine. De même qu'une piste fermée doit être un ''no man's land''.

Veillez à ce que quelqu'un, en bas, soit au courant de vos projets.

Et enfin, cette trace, là-bas, qui s'en va vers de si beaux champs de neige et que vous brûlez de suivre en vous disant: «il y a une trace, je peux y aller!», méfiez-vous en ... Combien d'avalanches se sont déclenchées après le passage de vingt ou trente skieurs!

Espace de liberté, le ski hors-piste est une aventure fabuleuse; il est encore toléré dans notre pays, contrairement à d'autres.

Par une attitude responsable, faisons que cela dure!

COMPULSARY READING

Piste skiing and off-piste skiing are two fundamentally different activities.

The piste skier turns on a patrolled domaine, often banal, where risk-taking is minimal. The ski-patrol at each station watches over the flock, and assures their rescue in case of accident, at the same time keeping law and order.

The off-piste skier, while not an outlaw, at least not in France — by his own will, escapes from this cloak of security — from here, he is completely responsible for himself.

Responsible for himself, but also for others: by example not setting off an avalanche which risks to sweep the piste a little further down ...

Passing under the rope bordering a piste, leaving a marked run is not then a foolish act: it implies that the skier has taken account of his own responsibility, and accepts totally the risks involved.

But weighing the risk-taking in his favour is the key; never skiing alone, sensible equipment, not overestimating himself ...

Also, being informed on the route envisaged: may this small book act as a ''plus'' on this point.

The most important thing to know is that the mountains, and particularly snowy mountains, are full of traps, an environment in constant mutation. Such and such a slope, good and safe yesterday, won't necessarily be so tomorrow.

The most recent information is the most reliable: it is essential to systematically consult the snow-weather bulletins, to read the information concerning the pistes, to seek the advice of the ski-patrol.

It is also fundamental to respect the notice-boards: if they indicate: ''off-piste skiing strongly disadvised''; at the risk of losing some customers, better not to lose a human life.

A closed run is a ''no man's land''. Make sure that someone knows your intentions.

And finally, this perfect set of tracks over there, dropping down through the oh so beautiful snow, and that you're dying to follow saying, ''it's OK, there must be a way, he knows where he's going'' ,,, or does he?

Think first! And how many avalanches have been set off after the passage of twenty or thirty skiers. Tracks don't strictly mean that it's safe.

Liberty and space, off-piste skiing is a fabulous adventure; still tolerated in France, contrary to certain other countries.

By taking a responsible attitude, make sure that this situation will last!!

UN PEU DE VOCABULAIRE

- *Adret*: versant ensoleillé d'une vallée (opposé à l'ubac)
- *Amont*: côté montagne (en opposition à l'aval).
- *Arête*: partie plus ou moins saillante d'une montagne, séparant deux versants.
- *A.R.V.A.*: appareil de Recherche des Victimes d'Avalanches, sous forme d'un petit émetteur-récepteur individuel.
- *Aval*: côté vallée.

- *Balisage*: système de signalisation des pistes.
  - Balisage central: les piquets jalonnent le milieu de la piste.
  - Balisage latéral: les piquets bordent la piste.
- *Barre*: barrière de rocher ou de glace.
- *Botter*: verbe indiquant que la neige colle sous les skis ou les crampons.

- *Calotte*: masse glaciaire arrondie pouvant coiffer un sommet.
- *Combe*: petite vallée en auge.
- *Contrepente*: flanc d'un couloir ou d'une combe.

- *Coulée*: petite avalanche.
- *Couloir*: passage plus ou moins étroit entre deux parois.
- *Corniche*: surplomb de neige formé par le vent sur une crête.
- *Crevasse*: fracture d'un glacier.

- *Exposé*: se dit d'un passage dangereux.

- *Face*: versant d'une montagne.

- *Gendarme*: proéminence isolée d'une arête.
- *Gobelets*: ou givre de profondeur. Cristaux de neige sans cohésion en forme de pyramide creuse de 5 mm ou plus. Constituent une zone de rupture du manteau neigeux.

- *Langue*: partie terminale d'un glacier.
- *Ligne de pente*: une balle qui descend une pente, marque la ligne de pente (ou ligne de plus grande pente).

- *Main courante*: corde fixée pour servir de rampe.

- *Métamorphose*: processus de transformation du manteau neigeux; on parle de métamorphose destructive, métamorphose constructive, et de métamorphose en gradians.

- *Miner*: déclenchement artificiel d'une avalanche par des explosifs.

- *Moraine*: débris de la montagne charriés par le glacier; sur les côtés (moraine latérales); dessous (moraine de fond); ou devant (moraine frontale).

- *"Peuf"*: la poussière en parlé savoyard; désigne la neige poudreuse.

- *Plaque à vent*: couche de neige compacte, peu élastique, de densité élevée, mal solidarisée avec la sous-couche.
  Se forme massivement "sous le vent" (sur le versant opposé au vent) et représente le danger n° 1 pour le skieur hors-piste.

- *Pot*: crevasse en argot montagnard.

- *Purger*: déclencher une avalanche volontairement; purger une pente.

- *Profil stratigraphique*: représentation graphique du manteau neigeux. On trouve en ordonnées la hauteur de neige au dessus du sol (1 cm de neige = 1 mm) et en abscisses la résistance en Kg. (R 1 Kg. = 1 mm).

- *Rive*: côté d'un glacier pris dans le sens orographique du terme; ainsi "rive gauche" veut dire à gauche en descendant.

- *Séracs*: monolythes de glace que l'on rencontre aux points de rupture d'un glacier (ruptures de pente), formant chaos.

- *Sondage de battage*: technique de sondage du manteau neigeux destinée à mesurer l'épaisseur et la densité des couches.

- *Ubac*: versant à l'ombre (exposition nord) d'une vallée.

- *Varosses*: terme savoyard désignant les petits arbustres souvent présents dans les couloirs d'avalanches.

RENSEIGNEMENTS PRATIQUES

- Les services des pistes:

ce sont eux les vrais spécialistes de chaque station; n'hésitez pas à leur demander conseil.

- Le drapeau à damier noir et jaune indique qu'il y a risque d'avalanche: on le trouve au départ des remontées mécaniques.

- Le plan des pistes:

Gratuit, très complet et disponible dans tous les points d'accueil de chaque station. INDISPENSABLE, pour une bonne utilisation de ce livre.

- Les services météorologiques:

- Bourg-Saint-Maurice Météo: 36650473
- Minitel: 3615 + Météo
- Neige et Avalanche: 79.07.08.24

Les bulletins font régulièrement référence à l'échelle de risque d'avalanche. Voir tableau ci-contre.

- Les professionnels:

Nous vous conseillons vivement de découvrir le hors-piste auprès des professionnels compétents: les moniteurs de ski, et les guides (ces derniers sont les seuls à pouvoir exercer leur profession sur les terrains glaciaires).

Une fois initiés, vous pourrez tenter de voler de vos propres ailes. Il est toutefois efficace de retrouver régulièrement le contact avec un professionnel pour progresser.

ECHELLE DE RISQUE D'AVALANCHE

Nota: on qualifie de ''accidentelle'' - par opposition à ''naturelle'' - une avalanche dont le déclenchement est dû à une intervention externe (ex: passage d'un skieur).

1. Risque minimum - Risque très faible. Il ne faut pourtant pas oublier les règles élémentaires de sécurité car en montagne le risque zéro n'existe pas.

2. Risque faible - Manteau neigeux généralement bien stabilisé. Risque faible et localisé de déclenchements naturels et/ou accidentels, dû à de faibles instabilités locales et/ou temporaires.

3. Risque accidentel localisé - Le risque d'avalanches naturelles est faible. Le risque de déclenchements accidentels est assez marqué par suite d'instabilités latentes marquées mais localisées.

4. Risque accidentel généralisé - Le risque d'avalanches naturelles reste faible. Le risque de déclenchements accidentels est très marqué par suite d'une instabilité latente marquées et généralisées.

5. Risque naturel modéré - Des déclenchements naturels limités sont probables. Donc, a fortiori, le risque de déclenchements accidentels est marqué.

6. Risque naturel fort - Manteau neigeux instable. Des déclenchements naturels sont certains.

7. Situation avalancheuse - Forte instabilité du manteau neigeux. Grosses accumulations locales. Avalanches nombreuses et parfois importantes.

8. Situation avalancheuse exceptionnelle - Avalanches nombreuses et, en raison des énormes accumulations, forte probabilité de très grosses avalanches à caractère exceptionnel.

PRACTICAL INFORMATION

- Ski Patrol:

the real specialists of each station. Don't hesitate to ask their advice. The black and yellow chequered flag indicates that there is an avalanche risk. One finds it at the bottom of the lift system.

- Piste Map (Trails):

Free, complete, available everywhere. INDISPENSABLE to use this book.

- Weather Services:

- Bourg-Saint-Maurice Météo: 36650473
- Minitel: 3615 + Météo
- Snow and avalanches: 79.07.08.24

The bulletins refer regularly to the level of avalanche risk. (See opposite page).

- The professionals:

We sincerely advise you to discover off-piste skiing with the aid of a competent professional: a ski instructor or a Guide. (In Europe, Guides are the only professionals authorised to exercise on glaciated terrain).

Once you have the basic skills, you can spread your own wings. It is good advice to keep in regular contact with a professional.

AVALANCHE RISK SCALE

N.B. One qualifies as "accidental" — as opposed to "natural" — an avalanche which has been set off due to an external factor (eg: passage of a skier).

1. Minimal Risk. *Very weak risk. Even so, don't forget basic safety rules, because in the mountains the idea of zero risk doesn't exist.*

2. Weak Risk. *Snowpack in general very stable. Small localised avalanches could occur, either natural or accidental, due to local and/or temporary instability.*

3. Localised Accidental Risk. *Natural avalanche risk weak. Risk of accidental triggering due to localised pockets of latent instability.*

4. General Accidental Risk. *Natural avalanche risk remains weak. Accidental triggering is quite marked due to a generalised latent instability in the snowpack.*

5. Moderate Natural Risk. *Limited, natural avalanches probable, which means; the risk of accidental triggering is quite high.*

6. Strong Natural Risk. *Snowpack unstable. Natural avalanches occuring.*

7. Avalanche Situation. *Snowpack unstable. Heavy localised accumulations. Numerous avalanches, sometimes of ampleur.*

8. Exceptional Avalanche Situation. *Numerous avalanches occuring and, because of huge accumulations, strong probability of avalanches of devastating proportions.*

LE MATERIEL

Le choix d'un matériel adapté garantit les meilleures conditions de confort et de sécurité.
N'oubliez pas que A.R.V.A., crampons, corde, nécessitent un certain nombre de séances d'entraînement pour une utilisation efficace.

- On identifiera sur la photo ci-contre:

1. A.R.V.A.: appareil de recherche de victime d'avalanches; **indispensable dès que l'on quitte la piste**. Veiller au bon fonctionnement de l'appareil avant la descente (piles). A placer **sous les vêtements**; peut se louer.

2. Pelle à neige: indispensable complément du A.R.V.A.; permet de gagner un temps précieux en cas de recherche d'une victime. De nombreux modèles légers existent sur le marché.

3. Sac à dos: ni trop grand, ni trop petit (aux alentours de 50 litres). Une ceinture et une sangle de liaison des bretelles assurent une meilleure tenue sur le dos.

4. Carte: indispensable également; au 1/25000e.

5. Boussole: nécessaire complément de la carte.

6. Altimètre: très utile pour les itinéraires d'envergure.

7. Corde: 30 m de 9 mm. Indispensable sur glacier.

- Voici quelques conseils pour le reste du matériel:

- **Les skis**: la longueur dépend de votre technique (et de votre taille). En règle générale vos skis de piste feront l'affaire. Veillez à ce qu'ils soient bien entretenus: fartage et aiguisage.

- **Les fixations**: en neige difficile, resserrez-les afin d'éviter les déclenchements intempestifs dûs à la résistance de la neige.

- **Les chaussures**: les mêmes que pour le ski de piste.

- **Les bâtons**: il existe des modèles intéressants pouvant se transformer en sonde à avalanche (téléscopiques).

- **Le baudrier**: utile dès lors qu'on évolue sur un glacier.

Photo: *Dominique POTARD*

Préférer un baudrier complet — cuissard + torse — au simple baudrier d'escalade.
Le poids du sac modifie l'équilibration du skieur qui, sans baudrier de torse, bascule en arrière en cas de chute.

- **Les crampons, le piolet**: à prévoir pour certains itinéraires glaciaires.

- **Broches à glace**: deux broches afin de confectionner un ancrage en cas de chute en crevasse.

- **Anneaux de corde**: 3 anneaux de 7 mm pour confectionner un dispositif de sauvetage (auto-blocants), un grand anneau pour faire ''pédale'' et quelques mousquetons.

- **Tenue de ski**: chaude et étanche.

- **Masque**: très appréciable dans la poudreuse! ...

- **Gants**: très chauds et étanches (surtout si l'on tombe souvent ...)

- **Lanières**: assurent la liaison ski-chaussures. Pour ne pas perdre ses skis dans la profonde.

- **Pharmacie**: au moins une couverture de survie et des pansements compressifs.

ET N'OUBLIEZ PAS DE VÉRIFIER QUE VOUS ÊTES ASSURÉS POUR CETTE PRATIQUE (possibilité d'être couvert par la ''carte-neige'' de la F.F.S.; formules à la semaine, au mois, à l'année ...).

EQUIPMENT

The right choice of equipment offers the best conditions of comfort and security.

Don't forget that the avalanche tranceivers, crampons and rope need a certain amount of training to be used efficiently.

One can identify on the opposite photo:

1 - Avalanche Transceiver: necessary from the moment one leaves the piste. Check the batteries regularly. To be worn **under** the clothes; available for hire.

2 - Snow Shovel: inseparable from the avalanche tranceiver. One gains precious time recovering a victim. Numerous light-weight models exist on the market.

3 - Back pack: neither too big nor too small (around 50 litres). A hip-belt and an elastic liason between the shoulder straps ensure stability.

4 - Map: indispensable: 1/25000.

5 - Compass: goes with map.

6 - Altimetre: very useful for those wide-ranging descents.

7 - Rope: 30 m of 9 mm. A must for glaciated terrain.

Some advice for the remainder of the equipment.

- Skis: the length depends on your technique (and size).
As a general rule your normal skis will do just fine. Make sure they are well maintained — waxed and sharpened.

- Bindings: in difficult snow, tighten them to avoid pre-release due to the snow's resistance.

- Boots: keep your usual boots (if youre happy with them).

- Poles: there exist telescopic models which transform into avalanche probes.

- Harness: good idea when on a glacier. Full (chest) harness preferred if carrying loads.

- Crampons, ice axe: needed for certain glaciated itineraries.

- Ice screws: 2 screws in case of a fall into a crevasse or placing a rope.

- Prussik slings: 3 short 6-7 mm slings for making self-blocking knots and some karabiners.

- Ski Siut: warm and snow-proof.

- Mask: useful in powder.

- Gloves: warm and waterproof.

- Ski-straps: for deep snow.

- First and Kit: at least a survival blanket and some compresses.
AND DON'T FORGET TO CHECK THAT YOU ARE INSURED.

COMMENT DETERMINER LE RISQUE?

*Association Nationale pour l'Etude de
la Neige et des Avalanches - (ANENA)
15, rue Ernest Calvat - 38000 GRENOBLE
Tél. 76513939*

Beaucoup de facteurs interviennent dans la détermination des conditions avalancheuses. Les principaux sont:

1. Le terrain - Le danger d'avalanches croît avec la pente du terrain: au-delà de 25° environ par rapport à l'horizontale, tout versant enneigé peut être instable: certaines ''plaques'' formées par le vent peuvent se déclencher en avalanches pour des inclinaisons encore plus faibles. Des terrains de très faible pente, voire horizontaux, peuvent être balayés par des avalanches venues des régions supérieures. Des bas de versant peuvent être menacés par les avalanches venues s'écraser à partir du versant d'en face.
Le danger d'avalanches dépend aussi de la nature du terrain, de son profil, de son exposition au soleil ou au vent.

2. La neige fraîche - *Une chute de neige fraîche provoque dans les jours qui suivent et selon son importance un accroissement du danger.*
Si dans les dernières 24 heures il est tombé:

20 à 30 cm de neige: augmentation appréciable du danger.

30 à 50 cm   : danger déjà sérieux dans les parties raides des parcours skiables.

50 à 100   : danger sensible menaçant déjà les tronçons exposés des voies de communication.

au-delà de 100 cm : danger généralisé et fréquemment étendu aux habitations situées dans des zones exposées.

3. La structure du manteau neigeux - *Des couches intérieures fragiles* peuvent rendre la couverture de neige moins stable. Une surcharge temporaire peut alors provoquer la rupture des ancrages.

4. Le vent

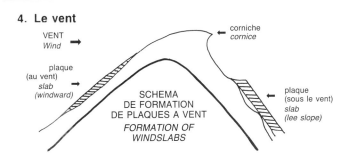

VENT
Wind

corniche
cornice

plaque
(au vent)
slab
(windward)

SCHEMA
DE FORMATION
DE PLAQUES A VENT
FORMATION OF
WINDSLABS

plaque
(sous le vent)
slab
(lee slope)

Il transporte la neige et l'accumule dans les endroits abrités sous forme de ''**plaques**'' particulièrement dangereuses.

Un **vent chaud** (foehn) accroît le plus souvent le risque (surtout si la durée du phénomène est prolongée).

5. La température -

a) Pour la neige froide et sèche. Par basse température, au-dessous de 0° C, le danger d'avalanches de ''**poudreuse**'' peut persister pendant plusieurs jours après la fin de la chute.

b) Une élévation de température (notamment au-dessus de 0° C) augmente le risque immédiat d'avalanches, mais provoque aussi le tassement de la neige (consolidation).

c) L'alternance de dégel diurne et de regel nocturne provoque la formation des **croûtes** superficielles; lorsque cette croûte est suffisamment épaisse, il n'y a pratiquement plus de danger, même si la couche superficielle se met à fondre sur quelques centimètres d'épaisseur.

d) Pour les **neiges de printemps**, détrempées, par la fonte due à l'ensoleillement, ou par la pluie, le risque croît avec la déclivité et avec l'épaisseur de la couche détrempée.

e) Les **plaques** formées par le vent doivent être considérées comme dangereuses à toute température.

D'une façon générale, **neige fraîche, vent et hausse de température** sont des facteurs déterminants capables de provoquer une situation dangereuse sur une pente qui a pu, pendant une période prolongée, présenter un caractère de sécurité.

HOW TO DETERMINE THE RISK?

Many factors determine avalanche conditions. The most influential are:

1. The Terrain - *The avalanche danger increases with the gradient of the slope: above 25°, every snowy aspect can be unstable: certain "slabs" formed by the wind (windslab) may avalanche towards more stable ground. Gentle slopes, and even flat ground may be swept by avalanches occuring higher up. The runout zone may include in some cases the lower opposite mountainside.*
The avalanche danger depends also on the nature of the terrain, of it's profile, exposition to the sun or to the wind.

2. Fresh Snow - *A fresh snow fall, according to the amount fallen, provokes, in the days which follow, an increase in danger. If, in the last 24 hours there has fallen:*

20 - 30 cm of snow : *appreciable augmentation of danger.*

30 - 50 cm : *already serious danger concerning most ski-terrain*

50 - 100 cm : *Real danger threatening communication lines where exposed.*

above 100 cm : *general danger frequently extending to habitations situated in exposed zones.*

3. The Snow-pack Structure - *Fragile interieur layers can render the snow-cover less stable. A sudden increase in weight (eg skier), may then provoke a rupture.*

4. The wind - *Transports the snow and loads it in sheltered place in the form of particularly dangerous "windslabs". A warm wind (foehn) often increases the risk, particularly if the situation is prolonged.*

5. Temperature -

a) Cold, dry snow. At low temperatures, below 0° C, the danger of "powder" avalanches can persist several days after a snow - fall.

b) A rise in temperature (notably above 0° C) increases the immediate avalanche risk, but also settles the snow, (consolidation or binding).

c) Continued melting and freezing forms superficial crusts. If this crust is sufficiently thick, the danger is practically eliminated, even if the upper crust starts to melt over a depth of several centimetres.

d) For spring snow, waterlogged due to the sun or rain, the risk augments with an increase in slope and with the thickness of the waterlogged layer (s).

e) Slabs formed by the wind (windslab) must be considered as dangerous at any temperature.

Generally speaking, fresh snow, wind and a rise in temperature are the determining factors capable of provoking a dangerous situation on a slope which has seemed safe for a prolonged period leading up to the change in conditions.

TECHNIQUE DU SKI HORS-PISTES

Nous nous limiterons ici à fournir une série de conseils, destinés à des skieurs techniquement déjà "au point" — virage parallèle maîtrisé sur piste noire — mais peu familiarisés avec le ski hors-piste.

Deux aspects caractérisent cette pratique: la variété des neiges rencontrées, à l'encontre des domaines balisés où la neige damée est la plus fréquente; et la raideur de certains pentes, pouvant dépasser celle des murs de pistes noires, et donc requiérant une technique spécifique pour évoluer dans les meilleures conditions de sécurité.

— Skier en toutes neiges:

Simplifions en considérant qu'il y a les neiges où l'on s'enfonce (poudreuse, croûte, "polenta" ...) et celles où l'on reste en surface (glace, neige damée ...).
D'une manière générale on essaiera de skier le poids du corps également réparti sur les deux skis dans les neiges où l'on s'enfonce — technique "deux pieds" — et l'on préférera l'équilibration sur un pied dominant, le pied aval, sur les neiges qui portent, avec donc un transfert de poids du corps d'un ski sur l'autre, au moment du virage — technique "d'un pied sur l'autre" — comme en ski de compétition.

- Voici quelques combines en fonction de chaque qualité de neige.

Poudreuse: on appelle ainsi la neige fraîchement tombée, encore en cristaux, et donc très légère. C'est la plus facile à manoeuvrer; c'est elle qui a forgé la légende du hors-piste. Lorsqu'il y en a une grosse épaisseur, on parle de "profonde" (voir ci-après). Posée sur un fond dur, la poudreuse se manie sans trop de problèmes: ne pas se mettre trop en arrière comme le font beaucoup de néophytes; ne pas craindre de prendre de la vitesse pour faciliter l'allègement et donc le pivotement des skis; et effectuer des flexions extensions amples et souples, bien rythmées: il est plus facile d'enchaîner des virages — quitte à aller jusqu'à la chute! — que d'en tenter un de temps en temps.

Profonde: vous en avez plus haut que le genou ... premier constat: sans un minimum de pente il est impossible d'avancer.
Evitez donc les creux et plats où vous allez à coup sûr vous "planter" (descendre "à la cave" ...). Il est essentiel d'être bien sur les deux pieds, de prendre une position de recul au déclenchement du virage (pour compenser le freinage causé par celui-ci) et de revenir à une position équilibrée durant la conduite de la courbe, pour ne pas se retrouver les spatules pointées vers le ciel durant cette phase d'accélération ...
La profonde est une neige où l'on a du mal à trouver un appui pour effectuer l'extension qui va permettre de pivoter les skis: il est alors fondamental d'être bien équilibré sur ses deux pieds, serrés.
Si vous êtes en appui dominant sur un pied, il s'enfonce davantage, va donc être freiné, et vous .... vous partez "en vrille" ... une des chutes les plus spectaculaires! ... Là aussi, la vitesse vous aidera.

Croûte: en voilà une neige qu'elle est vicieuse! La croûte, c'est une couche dure en surface, pas suffisamment pour vous porter, mais suffisamment pour contrarier les destinées de vos skis ... Il va falloir jouer fin.
Votre ennemi est la variation de vitesse: dès que vous allez vite, vous restez en surface — la vitesse entraîne un allègement des skis — et ... patratrac! au moment de tourner — freinage oblige — vous passez au travers, tout se bloque, et vous basculez par-dessus bord! ...
Il faut supprimer les freinages ... par un braquage furtif des skis, le poids du corps sur les deux pieds, plutôt écartés, au cas où ...
Cette technique "skier léger" est difficile à maîtriser et ne s'adapte qu'à certaines croûtes, déjà bien solides.
Il est en général préférable d'essayer de rester à l'étage en dessous et de jouer les brise-glace avec les spatules. Cela implique une vitesse faible, des petits sauts fréquents pour casser la croûte (tiens, c'est l'heure?) et des virages sautés au ralenti: pas d'extension ample, mais plutôt un saut de crapaud, en position groupée, en braquant les skis d'un seul coup une fois en l'air; atterrissage pieds écartés, buste fléchi ... pour tomber de moins haut ... C'est très élégant et à peine fatigant.
Au pire, il vous reste la conversion, sage solution en cas de fatigue.

Carton: copine de la précédente, cette neige est constituée d'une couche de cristaux serrés formant une plaque peu épaisse; sur un fond dur en général. En fait une neige pas vraiment difficile, où il convient de ne pas se laisser intimider: votre stabilité dépendra de la fermeté de vos appuis. On y va donc avec décision, sur les deux pieds serrés, et sans prendre trop de vitesse.

''**Polenta**'': (lire polainte); nom local pour désigner une neige de printemps qui a bien chauffé, et donc dans laquelle on s'enfonce jusqu'au genou; synonyme: soupe. C'est une neige évidemment très lourde, parce que pleine d'eau, que l'on rencontre en fin de journée, lorsqu'au est bien fatigué ... Là aussi la conversion peut s'envisager sans rougir. S'il vous reste un peu de kérosène vous pouvez tenter le même type de virage qu'en profonde, ou, moins subtil, les tournants sautés, comme dans la croûte.
Une dernière solution est ce que l'on appelle le virage ''ouvre-boîte'', c'est-à-dire une succession — rapide! — de pas tournants vers l'aval jusqu'à obtention complète du changement de direction: rigolo, mais sportif.

Glace: ou neige transformée très dure; votre salut dépend de la qualité de votre prise de carres: pour être décisive elle devra s'opérer sur un seul ski, le ski aval, et associée à une rentrée de genou vers l'amont, qui augmentera son angle. Elle précède le virage pour contrôler la vitesse et utiliser un effet de rebond favorable à un déclenchement rapide de la courbe.
Les skis sont plutôt écartés et l'ensemble du corps incliné vers la pente pour accompagner le virage, car l'accélération va être forte.

Neige de printemps légèrement dégelée en surface: comme avec un zest de poudreuse sur un fond dur, on parle de ''neige de cinéma''. Vous pouvez tout essayer pour tourner: flexion des oreilles, extension du mollet interne gauche, bascule des paupières associée à une lévitation neuronale, ou — plus rustique — chasse-neige vosgien: tout fonctionne ...

Rassurez-vous: il s'agit ici des grandes familles de neige; mais bien d'autres espèces vous attendent — soufflée, savon, tôle ondulée ... — pour parfumer vos descentes de sensations innattendues.

— **Skier sur pente raide**: tout en tenant compte des techniques associées à chaque qualité de neige, le ski sur pente raide appelle quelques gestes techniques particuliers.
Les virages vont être des virages sautés. L'originalité tient au fait que l'on va prendre appui sur le ski aval, **puis sur le ski amont**, pour déclencher le saut. Cet appui sur le ski amont est associé à

un solide planté de bâton, côté aval, et va permettre un pivotement rapide des skis, les jambes se regroupant sous le corps.
La réception se fait en souplesse, sans prise de carres excessive, contrôlée sur le ski aval.

On peut, pour se familiariser avec cette technique, faire une ouverture stem amont avant le déclenchement: cela met en confiance et permet de ''gagner un peu de terrain''. Ces virages s'opèrent à vitesse réduite, préparés par de légers dérapages (en feston), voire à l'arrêt.

En neige profonde il est possible d'utiliser l'avalement: partant d'une position très assise pour amorcer le pivotement, on se redresse progressivement durant la combe; le poids du corps sur les deux pieds.
Le bâton aide à s'équilibrer à l'intérieur du virage.

Ces techniques requièrent de nombreuses heures d'entraînement, avant d'être suffisamment automatiques pour devenir synonyme de sécurité.

Elle sont issues de la pratique du ''ski extrême'', appellation qui désigne les descentes sur des pentes dépassant les 40°/45° d'inclinaison.

Dom

OFF-PISTE SKIING TECHNIQUE

We limit ourselves here to furnish some sound service, destined to those skiers already technically at ease — parallel turn mastered on a black piste — but little familiar with off-piste conditions.

Two aspects characterise this practice: The variety of snow encountered, as opposed to marked runs where groomed snow is most frequently met with; and the steepness of certain slopes, which can depass those of black pistes, and which therefore require a specific technique to negotiate them in safety.

*— **Skiing on all snow types** (any snow, any mountain)*

Simplify things by considering that there is snow which one sinks into (powder, crust, ''tapioca''...), and snow that one stays on top of (ice, windpack, groomed ...).

Generally speaking one tries to ski with the weight divided equally over both skis in snow that one sinks into and on snow which carries body weight, one balances on the down-hill ski, with a transfer from one ski to the other during the turning phase.

Here are some tips regarding the qualities of different snow.

***Powder:** or fresh snow, dry, still in crystal form, and very light. It is the easiest to turn in; and that which has formed the off-piste legend. Over a hard base, powder doesn't present too many problems: don't sit too far back, nobody can ski in an armchair; don't be afraid of a bit of speed to help the lightening and pivoting of the skis. The flexion-extensions must be supple and ample, with good rhythm. It is easier to try and link the turns rather than trying one from time to time.*

***Deep Powder:** you sink in past the knees ...first impression: without a minimum of slope it's impossible to move. Avoid then the hollows and flats where you're just going to bog down.*
It is essential to be totally over both feet, slightly back at the start of a turn (to compensate the braking effect of the old turn), coming forward to a balanced position during the running/steering phase, so as not to find the tips pointing towards the sky during this period of acceleration ...

Deep powder is snow where it is difficult to create a platform, allowing the extension to permit pivoting the skis: it is fundamental then to be balanced on both feet, leg muscles slightly tensed. Weighting one ski more than the other means the debut of a twisting egg-beating fall ...always spectacular!...

Here also, speed will help you.

Crust: *A snow which is really vicious!*

Crust is a hard surface layer not enough to support your weight, but sufficiently hard to modify the direction of your skis. It's a hard act to follow.

Your enemy is the variation in speed: the moment you go quickly you stay on top, skis light on the snow then ...wham! In turning the skis pass across the slope, the braking effect is violent and, impossible to compensate in time, you wind up over-board!...

Replace the braking with a furtive sweep of the skis, with a wide even stance, in the case where ... A quick down-unweighting can some times get you out of trouble, but with an increase in speed.

This "think light" technique is difficult to master and is only suit able for certain, and already firm crusts.

Generally try to stay below the crust and play ice-breaker with the tips. This implies low-speed jump turns to break the crust, not a full extension but more a frog-hop, staying tight, and turning the skis in the air. Land positively, in a wide stance, absorbing the shock. Very elegant and once mastered, only slightly tiring.

At worst, there remains the kick-turn, which when tired is always a wise solution.

Crust over a hard base: *poor cousin of the preceding snow. This snow is a thin surface layer of tight crystals over in general, a fairly hard base. This snow is not really difficult if you don't let yourselves be intimidated: your stability depends on the positiveness of your steering. Be agressive, tighten up in the lower body and stay well over both feet, keeping an even speed but without going too fast.*

Rotten Snow *(soup)*

Spring snow that has absorbed too much sun, which one sinks into up to the knees. A snow obviously very heavy, being full of water, which one seems to meet at the end of the day, when one is already quite tired ... Here also the kick - turn can come in handy.

If you still have some juice left, try skiing it like deep powder or less subtle, jump turn, as for crust.

One last solution is what we will call here the "tin-opener" turn. Try a rapid succession of weightings-unweightings until the direction change is completed: sporting and quite good fun.

Ice: or very hard transformed snow; all depends on the quality of your edging: to be precise, edging on the downhill ski, at the same time pushing the knee towards the hill, creating pressure. This pressure allows you to control the speed and use the rebound leading to a rapid edge-change.

Adopt a wide stance, remaining over the downhill ski, and looking well down the hill, compensating for the rapid acceleration.

Corn: Spring snow lightly thawed on top. As with a pinch of powder over a hard base, this is real "cinema" snow. Being impossible to do something wrong, you can only have fun. Go to it!

Reassure yourselves: described here are only the major snow types encountered; but other sub-species await you. Savour them at will.

— Steep slopes: taking account of the associated techniques needed for different snow types, steep slopes require some particular technical gests. Jump turns to be exact, but with a difference. Push off first the downhill, then the uphill ski to start the pivot. Pivoting off the uphill ski, combined with a solid pole plant, permits a rapid turn, the legs regrouping under the body. Absorb the reception, without edging too much, well over the downhill ski.

To get familiar with this technique, one can "stem out" the uphill ski to "gain a bit of ground" before the pivot.

These are low-speed turns, prepared in advance by side-slipping lightly, sometimes even to a halt.

In deeper snow it is possible to use a more orthodox turn. Leaving from a very regrouped positon to pivot around, stand up progressively during the curb; weight over both feet. The uphill pole helps with the balance. In extreme cases one might end up skiing more or less on the uphill ski.

These techniques require a lot of training before the gests become sufficiently automatic, leaving the skier with a wide enough safety margin.

These turns have evolved with the practice of ''extreme skiing'', on slopes where the inclinasion is often stronger than 40°/45°.

Technique d'avalement / *Down-unweighting*
Photo: *Tim BARNETT*

LE SKI SUR GLACIER

Dès qu'on aborde la haute montagne, les compétences d'alpinisme doivent compléter les qualités de skieur. Le concours d'un guide professionnel est, à nos yeux, la solution la plus sûre pour débuter l'apprentissage d'un milieu aussi hostile. Le glacier ajoute des dangers supplémentaires aux risques d'avalanches: les crevasses, les dévissages sur la glace, et les chutes de séracs.

— Les crevasses:

L'ennemi numéro 1. Si les plus grosses sont identifiables à condition de maîtriser sa vitesse (on a secouru en même temps jusqu'à trois personnes tombées dans la même crevasse!); la plupart du temps, elles sont recouvertes par la neige, formant des ponts qui peuvent céder sous le poids des skieurs.

— Dévissage sur glace:

Les zones raides des glaciers, langues terminales, dômes, sont à aborder avec prudence. Une simple pellicule de neige peut en effet recouvrir la glace vive.

— Les séracs:

Les glaciers bougent et des masses énormes de glace peuvent être déséquilibrées à tous moments.

Conseils:

- s'assurer de l'enneigement du glacier avant de descendre (éviter les débuts d'hiver);
- skier tôt le matin, quand le froid soude les ponts de neige;
- rester maître de sa vitesse;
- ne jamais déchausser les skis, même pour une urgence;
- sonder du bâton les ponts suspects - s'encorder si nécessaire;
- franchir les ponts de neige avec une certaine vitesse pour ne pas s'arrêter dessus.

GLACIER SKIING

When one ventures into high mountains, the qualities of an alpinist must complement the qualities of a skier. The services of a professional Guide is, in our eyes, the surest way to ease one's debut in this hostile environment. Glaciers add other dangers to the avalanche risk: crevasses, sliding falls on ice and serac fall.

— The crevasses:

Enemy number one. The biggest are usually identifiable on condition that one masters his speed (there is a case where 3 people fell into the same hole at the same time). Often covered by the snow, these "snow-bridges" often cede under the weight of a skier(s).

— Slipping:

The steep zones of a glacier must be treated with respect. Glacier terminals and domes may be covered simply with a dusting of fresh snow hiding the "bullet-proof" ice underneath.

— The Seracs:

The glaciers move and these towers of ice may topple at any time. Esthetic but picnic somewhere else!

Advice:

- make sure the snow-cover of a glacier is sufficient **before** starting out. Avoid early winter and late spring;
- ski early in the morning, when the snow-bridges are frozen;
- stay in **control**;
- never take off your skis, even for a toilet stop!;
- probe for suspect crevasses with your poles. Rope up if necessary;
- cross snow-bridges with a bit of speed so as not to stop on them.

CONDUITE D'UNE DESCENTE

Contrairement au ski de piste, où chacun peut évoluer où bon lui semble grâce au balisage et à la signalisation du moindre danger, la sécurité en hors-piste dépend en grande partie de l'attitude collective du groupe: organisation, discipline, choix de la trace.

— Organisation du groupe:

- skier par petit groupe de 3 à 6 personnes de niveau homogène. Trois personnes permettent de faire face à un accident (alerte et recherche d'une victime);
- les skieurs les plus expérimentés ouvrent et ferment la marche;
- répartir le matériel de façon judicieuse. Les derniers de la caravane portent le matériel de secours (pelle, cordes..);
- prévoir de fréquents arrêts-regroupements afin de ne jamais laisser un skieur à la traîne.

— Discipline du groupe:

- le skieur de tête recherche l'itinéraire, identifie les dangers, donne des consignes de sécurité au reste du groupe (distance d'espacement, respect de la trace, etc...);
- le groupe doit se regrouper en amont du skieur de pointe. En cas d'arrêt d'urgence (crevasse) il est préférable de ne pas le dépasser...

— Faire la trace:

L'itinéraire le plus sûr n'est pas toujours le plus court ni le plus logique. D'un endroit à l'autre les risques ne seront pas les mêmes. Quelques principes doivent guider vos choix:
- contre-pente, rupture de pente, où se forment plaques à vent et accumulations, doivent être évitées;
- les pentes irrégulières sont plus sûres que les pentes uniformes;
- éviter les longues traversées à flanc de pente;
- préférer les croupes neigeuses; les pentes parsemées d'îlots rocheux;
- si une traversée est obligatoire, la tenter le plus haut possible.

Conseils:

dans les zones estimées dangereuses, ne s'engager qu'un à un, d'''abri'' en ''abri'' (arbre, rocher...); on observe le skieur en action. On ôte: les lanières des skis, les dragonnes des bâtons et une bretelle du sac à dos. On s'habille chaudement.

CONDUCTING A DESCENT

Contrary to piste skiing where the slightest danger is marked, off-piste safety depends mostly on the collective attitude of the group: organisation, discipline, route chosen.

— Group organisation:

- ski in a small group of 3-6 people with the same standard. Three people is the minimum in case of accident (alert, and/or search);
- the most experienced skiers ski first and last;
- distribute the equipment sensibly. Those carrying the rope, shovel etc. ski last;
- regroup systematically when skiing.

— Group discipline:

- the lead skier route-finds, identifying the dangers, giving advice to the rest of the group (spacing, where to ski etc..);
- the group must stop **above** the lead skier. In case of urgency (crevasse), better to remain above the danger.

— Route-finding:

The surest way is not always the shortest nor the most logical. From one place to another the risks are never the same. Some advice:
- the sides of gullies and convex rolls must be avoided as they are subject to windslab loading;
- irregular slopes are safer than big uniform alopes;
- avoid long traverses across the slope;
- give preference to snowy rumps, rolls and slopes with scattered rock "islands";
- if a traverse is unavoidable, traverse as high as possible.

Important:

in a dangerous area, progress one by one and from shelter to shelter (tree, rock..). Observe the skier in action. Undo: ski straps, wrist-strap and one shoulder-strap of your backpack. Dress warmly.

QUE FAIRE EN CAS D'ACCIDENT?

On peut distinguer 3 types d'accidents dans la pratique du hors-piste. Les chutes en crevasse, les ensevelissements par avalanche, et les traumatismes dûs à une mauvaise chute. Toutefois, avant de voir chacun de ces cas, voici un ensemble de conseils valables pour toutes les situations.

Tout d'abord la règle que l'on apprend dans les stages de secourisme pour ordonner son action en cas d'accident est aussi valable en montagne, à savoir; PROTEGER, ALERTER, SECOURIR.

— PROTEGER:

C'est à dire mettre la victime hors de nouveaux dangers; à l'abri d'une éventuelle coulée, dans un endroit où elle ne risque pas de dévisser; la couvrir chaudement; on marquera sa position par des skis plantés croisés 6 ou 7 mètres en amont, pour éviter que d'autre skieurs puissent la percuter.

— ALERTER:

Si des professionnels (guides, moniteurs) sont à proximité, alertez-les: ils ont probablement une radio qui leur permettra de prévenir aussitôt les gendarmes-secouristes. Sinon, localisez parfaitement l'endroit où vous êtes, rassurez la victime et rejoignez la remontée mécanique la plus proche, où l'employé donnera l'alerte; fournissez-lui un maximun de renseignements, notamment sur la nature du traumatisme. Surtout, en prévenant les secours, ne confondez pas vitesse et précipitation. Il n'est malheureusement pas rare qu'un accident survienne à une personne tentant de donner l'alerte...En tout état de cause le fil conducteur de votre action doit être de ne pas aggraver la situation par une action désespérée, mais plutôt d'agir avec logique et froideur, même si cela, bien évidemment, n'est pas facile à réaliser sous le coup de l'émotion. S'il n'y a pas de remontées mécaniques joignables, gagner le point le plus proche où vous pourrez téléphoner: contactez sur Tignes le 79.06.32.00 ou sur Val d'Isère le 79.06.01.69.

— SECOURIR:

On verra plus loin les particularités de chaque situation. En ce qui concerne l'intervention des secouristes, il est probable qu'elle s'effectuera en hélicoptère. Voici, sur ce point, les conseils d'usage à respecter scrupuleusement:

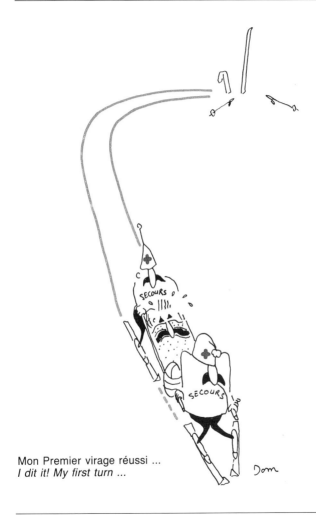

Mon Premier virage réussi ...
I dit it! My first turn ...

Dom

- la zone où l'hélicoptère va intervenir doit être la plus plate possible — si c'est envisageable déplacer la victime — et préférer une proéminence à un creux;
- calez tout ce qui peut s'envoler et réunissez les skis à plat (sauf ceux qui, bien en amont, délimitent la zone d'intervention);
- utilisez les signes conventionnels de demande de secours (voir schéma);
- placez-vous bien en vue, vent dans le dos, les bras en V (si vous ne parvenez pas à être localisé, agitez un anorak);
- quand l'hélicoptère s'approchera, posez un genou à terre, baisser les bras, mais **ne partez surtout pas**: vous êtes son seul point de repère à cause de la neige qui vole et supprime toute visibilité;
- dès lors, faites-leur absolument confiance: ce sont des spécialistes hors-pair. Sachez toutefois qu'un hélicoptère s'aborde toujours par l'avant de façon à être dans le champ visuel du pilote, et que l'on y rentre toujours par son côté gauche.

— Cas d'une chute en crevasse:

Si vous êtes bon alpiniste, pas seul, correctement équipé et aguerri aux manoeuvres de cordes, effectuez un mouflage de surface.
Sinon rassurez, autant que faire se peut, la victime: il est possible que vous ne l'entendiez pas mais qu'elle vous entende. Ne vous approchez surtout pas du bord, qui pourrait s'effondrer.
Essayez d'alerter d'autres skieurs. Si vous êtes seul, localisez bien le lieu de l'accident: marquer la crevasse d'affaires solidement amarrées et bien visibles. Et partez, avec un maximum de prudence, prévenir les secours.

— Cas d'accident par avalanche: (document A.N.E.N.A.)

A. Conduite à tenir par la personne surprise par l'avalanche:

1. Tenter la fuite latérale.
2. Se débarrasser des bâtons et du sac.
3. Fermez la bouche et protéger les voies respiratoires pour éviter à tout prix de remplir ses poumons de neige.
4. Essayer de se cramponner à tout obstacle pour éviter d'être emporté.
5. Essayer de se maintenir à la surface.
6. Ne pas s'essouffler en criant. Pour tenter de se faire entendre: émettre des sons brefs et aigus. L'idéal serait un sifflet.
7. Faire le maximum d'efforts pour se dégages au moment où l'on sent que l'avalanche va s'arrêter; au moment de l'arrêt, si l'enseve-

lissement est total, s'efforcer de créer une poche en exécutant une détente énergique, puis ne plus bouger pour économiser l'air.

B. Conduite à tenir par les témoins:

1. **Marquer l'endroit** où le disparu a été vu pour la dernière fois.

2. Examen de toute la surface de l'avalanche. S'il n'y a qu'un rescapé, aller chercher du secours, si aucun signe de localisation n'est perçu.

3. S'il y a plusieurs rescapés:

- **donner l'alerte** au poste de secours le plus proche avec toutes précisions utiles (1 ou 2 personnes).

- maintenir ou installer le **poste d'alerte** pour le cas où de nouvelles coulées seraient à craindre.

- mettre les appareils émetteurs-récepteurs sur ''réception''.

4. Essayer de **localiser les disparus**

- probablement dans la direction de l'avalanche, au-dessous du point de disparition.

- de préférence dans les replats, en amont des obstacles.

- sur les abords du cône d'accumulation (notamment dans le cas où l'avalanche s'est déclenchée au-dessus des sinistrés).

5. Tenter de **découvrir des objets** (vêtements, cordelette, bâton) à la surface de la neige, ou un membre émergeant de l'avalanche. Ecouter. Marquer les endroits où l'on découvre quelque chose et les fouiller immédiatement avec les bâtons (enlever les poignées et si possible les rondelles) ou avec les talons des skis, si, comme c'est le cas en général, on ne dispose pas de sondes.

6. Rechercher avec les ARVA suivant les instructions fournies par le fabricant. Rappelons qu'**il est essentiel d'effectuer des manoeuvres d'entraînement** pour se familiariser avec le maniement de ces appareils.

7. Procéder si les victimes ne sont pas munies d'un ARVA,

- d'abord à un **sondage sommaire**, par coups de sonde aux endroits présumés favorables.

- puis à un sondage **large et méthodique** (un coup de sonde entre les pieds, écarts 70 à 75 cm, profondeur optimale 2 m).

- enfin à un **sondage serré** (3 coups de sondes à chaque station, écarts de 25 à 30 cm, profondeur optimale 3 m).

Rappelons qu'il ne faut ni fumer, ni uriner sur l'avalanche (au cas où les chiens interviendraient).

LA RAPIDITE DE LA LOCALISATION ET DES SECOURS SONT LES FACTEURS DU SUCCES.

C. Conduite à tenir vis à vis de la victime:
1. Dans l'ordre
- libérer complètement la tête,
- débarrasser la bouche et le nez de la neige et de l'eau,
- dégager le corps et, si les circonstances l'exigent, transporter la victime en lieu sûr.
2. Si la victime **n'a pas perdu connaissance**
- la réchauffer (couvertures, boissons chaudes),
- en cas de blessures, lui donner les premiers soins,
- en cas de vomissements, la coucher sur le ventre,
- la transporter rapidement à l'abri ou dans la vallée.
3. Si la victime est **sans connaissance** mais **respire encore**
- la mettre en **position latérale de sécurité** pour éviter la noyade dans les liquides de régurgitation.
- procéder comme ci-dessus mais pas de boisson.
4. Si la victime **ne donne plus signe de vie** (arrêt de respiration, voire arrêt du pouls):
- libérer complètement les voies respiratoires,
- pratiquer la **respiration artificielle** (bouche à bouche),
- pratiquer le **massage cardiaque, externe**,
- protéger la victime du froid comme indiqué ci-dessus. Pas de boisson,
- continuer *sans relâche*, la respiration artificielle associée au massage cardique externe, jusqu'à résultat heureux ou jusqu'à l'arrivée du médecin ou jusqu'à apparition des signes certains de la mort (réflexe des paupières, rigidité cadavérique),
- ne déplacer la victime inanimée que si la respiration artificielle peut être assurée sans interruption pendant le transport, ainsi que le massage cardiaque externe.
— Cas de traumatisme dû à une chute:
Si vous pouvez demeurer sur place tandis qu'une autre personne est partie alerter les secours, il vous est à présent possible d'apporter les premiers soins à la victime. Là encore, ne tentez pas l'impossible, mais contentez-vous des actes dont vous êtes **absolument sûr**; et surtout éviter de déplacer votre compagnon s'il y a risque de traumatisme de la colonne vertébrale.

ALERTER LES SECOURS EST UN ACTE GRAVE. SEUL UN ACCIDENT AUQUEL, A' L'EVIDENCE, ON NE PEUT FAIRE FACE SEUL JUSTIFIE LA MISE-EN-OEUVRE DE CE GENRE D'OPERATION, SOUVENT PERILLEUSE.

Se tenir debout,
bras levés, immobile

NOUS DEMANDONS
DU
SECOURS

Carré de tissu rouge
d'un mètre de côté
avec un cercle blanc

fusée rouge de détresse,
très efficace, surtout la
nuit. En vente dans les
magasins de sport spé-
cialisés

NOUS N'AVONS
BESOIN
DE RIEN

Se tenir debout, un seul
bras levé, immobile

WHAT TO DO IN CASE OF ACCIDENT?

One can distinguish 3 types of accidents relating to off-piste skiing. Falls into crevasses; avalanche injuries, and traumatisms due to a bad sliding fall. Before looking separately at each case, here is some valuable advice for all situations.

First of all the golden rule that one learns in first-aid courses applies also in the mountains: ie. PROTECT, ALERT, RESCUE.

— PROTECT:

That's to say keep the victim out of new danger; sheltered from a new avalanche, in a place where the victim dosn't risk slipping; cover the victim warmly; mark the victim's position by planting crossed skis 6-7 metres above, to avoid collisions.

— ALERT:

Signal the guides and ski-instructors if they are close by; probably someone has a radio. If not, locate exactly the place where you are, reassure the victim then go for the nearest help. Once help is found, give a maximum of information, above all on the nature of the injury.

On alerting the rescue services, don't rush. Unfortunately it is not rare that an accident arrives to the person giving the alert. Remain calm, think coldly and logically, which is not always easy in an emotional situation. If there are no lifts nearby, on having reached a telephone contact the 79.06.32.00 (Tignes) or the 79.06.01.69 (Val d'Isère).

— RESCUE:

We will discuss further on the particularities of different situations. Concerning the rescuers, they will probably arrive by helicopter. Some advice to respect scrupulously:

- the zone where the helicopter lands must be as flat as possible. If it is possible to move the victim choose a prominant point instead of a hollow;
- fix everything which could fly away and lay the skis down (except those marking the accident zone).
- use conventional rescue signs (see distress signals);
- remain well in sight, back to the wind, the arms in a V (if you still haven't been found, wave an anorak);
- when the helicopter arrives, get down on one knee, lower your arms but **don't move** an inch. You are the pilot's only reference point

* Je t'aime (suédois)
  I Love you (swedish)

because of the flying snow;

- from this point on, have confidence in the pilot. He knows what he's doing. Remember that a helicopter is approached always from the front, remaining in view of the pilot and that one enters always on the left side of the helicopter.

— Fall into Crevasse:

If you are a good alpinist, correctly equipped and familiar with rope manoeuvres, make a Z-pulley and winch the victim to the surface.

If not, reassure the victim as best you can. Maybe you can't hear him but he can hear you. Don't approach too close to the crevasse edge, which might collapse.

Try alerting other skiers. If you are alone, locate exactly the accident site: mark the hole with something well anchored and easily visible. Go for help, excercising a maximum of prudence on the way.

Avalanche:

A. If caught in an avalanche:

1. Try escaping laterally.

2. Get rid of poles and backpack.

3. Keep mouth closed and protect the air passages from snow entering the lungs. N.B. Important.

4. Try to grasp anything to help you from being carried down.

5. Try to stay on the surface.

6. Don't tire yourself by shouting; emit short, sharp sounds. A whistle is best.

7. Make a big effort to free yourself when you feel the avalanche about to stop; if buried totally try to create an air pocket by moving energetically, and also to compensate the snow's crushing effect.

B) What to do if you witness an avalanche:

1. **Mark the place** where the victim was last seen.

2. Examine the debris rapidly, over it's entire surface. Go for help if no sign is found.

3. If there are survivors on the surface:

- **give the alert** at the nearest post possible, relaying precisely all information.
- maintain or install a **look-out** if new avalanches are possible.
- turn avalanche tranceivers on to recieve.

4. Try **to locate the victims.**

- probably in the direction of the avalanche below where they last were seen.
- likely to be in the leveling off above a natural obstacle.
- On the sides of the debris cone (notably in the case where the avalanche triggered itself off above the victims).

5. **Look for objects** (clothes, poles, etc.) on the snow's surface, or a projecting limb. Listen. Mark the places where you find something and search immediately with your poles (Take off the wrist-grips and if possible the baskets) or with the tails of your skis, if, as in most cases one does not have probes at his disposition.

6. Search with the avalanche tranceivers, following the maker's instructions. Remember that training is **necessary** to use these devices correctly, and quickly.

7. If the victims are not equipped with avalanche tranceivers.

- Start a quick probe, in likely places.
- if unsuccessful commence a wide, methodic probe, (probe between the feet every 70 - 75 cm, optimal depth 2 metres).

N.B. One must not smoke nor urinate on the avalanche, (in case avalanche dogs intervene).

THE SPEED OF THE LOCATION AND RESCUE OF THE VICTIMS IS THE KEY TO SUCCESS.

C) When victim is found:

1. In this order:
- free completely the head.
- empty the mouth and nose of snow and water.
- free the body and if circumstances dictate, move the victim to a safer place.

2. If the victim is conscious.
- *rewarm him/her (sleeping bag, hot drinks)*
- *if injured, give first-aid*
- *if vomiting, place victim on his/her stomach.*
- *transport victim rapidly to shelter or to hospital.*

3. If the victim is unconscious.
- *put him/her in recovery position to avoid drowning in vomit (on side, head down).*
- *procede as above but no drinks.*

4. If the victim gives no vital signs (breathing stopped, no pulse):
- *free completely the air passages*
- *give artificial respiration (mouth to mouth, mouth to nose)*
- *give external cardiac massage*
- *protect the victim from the cold as indicated above.*
No drinks
- *continue without stopping, the artificial respiration and cardiac massage until a happy result or until the arrival of a doctor or until signs of death are certain (rigid eyelids, rigor mortis)*
- *move the inanimate victim **only** if artificial respiration and cardiac massage can be continued without interruption during the transportation.*

— Traumatism due to a fall:

If you must rest in place while someone else alerts the rescue services, it is up to you to give the necessary first-aid to the victim. Here again, don't try the impossible but make the injured person as comfortable as possible. Be absolutely sure of what you're doing.

Above all, avoid displacing the victim, if there is a risk to the spine. REASSURE THE VICTIM.

ALERTING THE RESCUE SERVICES IS A SERIOUS ACT. ONLY AN ACCIDENT WHERE YOU ARE HELPLESS BY YOURSELF TO DO WHAT IS NECESSARY, JUSTIFIES A RESCUE OPERATION, OFTEN PERILOUS, FOR THE PERSONNEL.

Stand up straight, arms, lifted, remain immobile

Red cloth, one metre square, with a white circle

Red distress rocket, very efficient, especially at night. On sale in specialised sports shops

WE NEED RESCUING

Stand up straight, one arm lifted up, remain immobile

WE DON'T NEED ANYTHING

UTILISATION DES DESCRIPTIONS D'ITINERAIRE

Trois sources d'information doivent guider votre choix d'itinéraire:
- les textes, qui décrivent le cheminement
- les photos (ou dessins): les tracés donnent une idée de la ligne générale, qui peut notablement évoluer en fonction des conditions
- une carte au 1/25000

Deux instruments pourront compléter ces informations:
- la boussole, nécessaire lorsque le texte fourni des repères de direction
- l'altimètre, conseillé pour les descentes de grande envergure; il vous aidera, associé à la carte, à savoir si vous êtes sur le bon chemin.

Nous n'avons que rarement donné des horaires, ceux-ci étant complètement dépendants de votre niveau technique, et des conditions de neige.

Difficulté:

nous avons conservé les termes utilisés en alpinisme. Ça donne:
- **Facile (F):** pentes douces et larges.
- **Peu difficile (P.D.):** pentes un peu plus raides, avec d'éventuels passages étroits.
- **Assez difficile (A.D.):** pentes à 20°/25°, pouvant être soutenues.
- **Difficile (D):** pentes sérieuses, 30°/35°, où le risque de dévissage existe réellement.
- **Très difficile (T.D.):** ski de pentes raides, 40°/45°, nécessitant une bonne maîtrise des techniques spécifiques. Le risque de dévissage est permanent et lourd de conséquences.
- **Extrêmement difficile (E.D.):** domaine du ski extrême, 45° et au-delà — Réservé aux spécialistes.

Nous avons également donné une estimation sur l'**engagement** de la descente:
- **Peu engagée:** à proximité immédiate des pistes.
- **Assez engagée:** déjà à l'écart des pistes, bien que visible de celles-ci et se terminant sur celles-ci.
- **Engagée:** il y a peu de chances que l'on soit vu en cas d'accident; de plus alerter les secours prendra un certain temps.
- **Très engagée:** ''perdus'' en haute montagne, les skieurs devront démontrer une autonomie totale dans toutes les situations.

Enfin ces informations sont complétées par des remarques sur la complexité du cheminement et la nature des dangers rencontrés.

USING THE ROUTE DESCRIPTION

Three information sources influence your choice of route:
- the texts, which describe the way.
- the photos (or designs): the lines traced give an idea of the general direction, which may have changed according to the conditions.
- a map to the scale of: 1/25000.

Two instruments can help out:
- the compass, necessary when the text gives bearings to follow
- the altimetre, handy to have for the big descents; along with the map, it will help you locate your exact position. We have rarely given times, these being completely dependant on your skiing standard and the snow conditions.

Difficulty:
we have conserved the terms used in alpinism; as follows:
- ***Easy:*** wide gentle slopes.
- ***Little difficult:*** slopes a little steeper, with narrow passages.
- ***Quite difficult:*** slopes at 20°/25°, may be sustained.
- ***Difficult:*** serious gradient 30°/35° where a real risk of slipping exists.
- ***Very difficult:*** steep skiing 40°/45°, requiring very good, and sometimes specific technique. The risk of falling is permanent and with heavy consequences.
- ***Extremely difficult:*** extreme skiing terrain, above 45°. Reserved for the specialists of the game.

We have also given an estimation of the engagement or seriousness of the descent:
- ***Not serious:*** close to the pistes.
- ***Quite serious:*** far from the marked runs but visible from them and finishing on the piste.
- ***Serious:*** little chance of being seen in case of an accident, what's more, alerting the rescue services will take a certain amount of time.
- ***Very serious:*** isolated in the high mountains, skiers must be completely autonomous in every situation.

Finally these route descriptions are complemented by remarks on the complexity of the route-finding and the nature of the dangers likely to be met with.

2ème PARTIE

DESCRIPTIONS DES ITINERAIRES

par:

Jean-Luc STEIGER et *Guy BONNEVIE*

PART TWO

ROUTE DESCRIPTIONS

by:

Jean-Luc STEIGER and *Guy BONNEVIE*

INTRO

Tignes et Val d'Isère, ces deux stations bien différentes, sont désormais réunies sous le nom très médiatique d'Espace Killy. L'une ville de béton purement artificielle implantée en haute montagne, l'autre petit village savoyard longtemps renfermé sur lui-même et ses querelles de clocher malgré sa renommée, avant de basculer tout récemment et peut-être à contre temps dans la ruée vers l'Or Blanc. A elles deux, ces stations forment l'un des plus grands domaines skiables du monde. Peut-être pas le plus beau, mais certainement le plus varié, le plus complet et le plus attachant: la haute montagne facilement accessible à tous.

Il ne saurait être question de comparer le hors-piste de l'Espace Killy avec celui de Chamonix. Aucun sommet à plus de 4000 mille mètres à proximité! Les stations, situées elles-mêmes à plus de 1800 mètres, n'offrent donc pas de dénivellations impressionnantes. Par ailleurs la joie de faire sa trace en neige vierge, encore fréquente dans les stations moins célèbres, y est devenu progressivement un luxe, sous l'afflux des amateurs venus du monde entier, dévalant dès l'aurore des pentes réservées autrefois à une élite. Pourtant l'enthousiasme ne se refroidit pas. Quel charme a donc Val d'Isère? Quelle attirance peut-on éprouver pour Tignes?

Chacun a sa réponse, bien entendu. En tous cas le succès est indiscutablement lié à la variété des itinéraires, à leur facilité d'accès, et à la disposition favorable des vallées. Servie par une impressionnante densité de remontées mécaniques, la géographie de l'Espace Killy permet en effet un choix incroyable de parcours. Ainsi l'amateur peut se laisser aller à sa fantaisie d'un massif à l'autre, choisir sur un coup de coeur telle ou telle pente qui s'offre à sa vue, improviser en fonction du temps, de la qualité de la neige et de ses limites techniques. Nul besoin de programme savamment étudié à l'avance, de timing précis, ni de météo parfaite. En fait c'est la liberté que ce fabuleux domaine offre avant tout au skieur hors-piste.

Photo: *J.-F. CAUSSE* / Degré 7

FOREWORD

Tignes and Val d'Isère, despite beeing very different ski resorts, have been grouped together under the very media orientated name «Espace Killy». The first is a completely artificial, concret town built in the high mountains.
The second is a savoyard village which was isolated for a long time, with its own little problems despite its fame, and which has only recently turned towards the «white gold» of the ski industry.

These two ski resorts make up one of the biggest ski areas in the world. It may not be the most beautiful, but it is certainly the most varied and complete resort: the high mountains easily accessible to everyone.

There is no question of trying to compare the «Espace Killy» with Chamonix. There is no summit over 4000 meters which leaves little possibility for big differences in altitude. Most of the routes have an altitude difference of between 500 and 900 meters. Further more the joy of making ones own track in virgin snow (still possible in less popular resorts) has now become a luxury, the number of skiers coming from all over the world having increased so much that most areas, formerly reserved for the elite, are skied out in a flash. However the entousiasm hasn't died. So what has Val d'Isère got to charm us with? What does Tignes have to offer?

Everybody has their own answer, of course. Their success is undoubtedly linked to the variety of routes, their easy access, and to the good layout of the valleys. The large number of ski lifts and an excellent geography give a huge choice of routes in the «Espace Killy». The amateur can thus go from one mountain range to another, from one slope to another, improvise according to his timing, the quality of the snow or his technical capabilities. He doesn't need to make out an elaborate program beforehand, the timing doesn't have to be precise or the weather perfect. This is, in fact, the freedom which this fantastic area offers to its off- piste skiers.

VAL D'ISERE

LA BANANE

L'un des hors-pistes les plus fréquentés de Val d'Isère en raison d'un accès particulièrement aisé pour un tel dénivelé. L'exposition au sud-est limite toutefois les possibilités, car la neige se réchauffe dès le matin. Au printemps, la transformation ne s'effectue pas toujours dans de bonnes conditions compte tenu des rails laissés par les nombreux skieurs.

- **Accès** : Funival ou télécabine de Bellevarde.
- **Dénivellation** : 900 m.
- **Exposition** : sud-est.
- **Difficulté technique** : Difficile; traces nombreuses, souvent gelées.
- **Engagement** : assez engagé.
- **Dangers** : avalanches; dévissage au printemps.
- **Cheminement** : peu complexe.
- **Période propice** : février-mars.
- **Monoski et surf** : très bien, pour les bons.

ITINERAIRE : prendre le début de la piste de la Face depuis le haut de Bellevarde. Au premier virage à gauche, continuer tout droit par un petit col généralement barré de panneaux «danger» et bordé à droite par un rocher bien visible. Une première pente très facile amène à un faux plat qui se termine par un groupe de rochers. On peut passer à leur gauche et revenir ensuite. Si l'on choisit de les contourner par la droite, il faut alors se méfier de la pente en dévers qui suit, à la droite de laquelle se trouve un ravin surplombant la piste des Santons. On reviendra donc sur la gauche dès que possible (photo 1) en se méfiant toutefois de la barrière rocheuse qui s'étend sur toute la largeur de ce versant et qui ne comporte qu'un ou deux passages assez pentus.

On peut alors descendre vers un nouveau faux plat avant de reprendre la pente pour se rapprocher du bas des Santons. On peut aussi traverser vers la gauche et descendre vers le Châtelard après avoir contourné une sorte de monticule rocheux.

A condition d'avoir pris en traversée vers la gauche tout de suite après la barre rocheuse, ou de l'avoir franchie par un couloir, une variante consiste, en passant au-dessus du monticule, à rejoindre le télésiège des Loyes qui conduit au sommet de Bellevarde. Dans ce cas on ne descendra pas en dessous du départ de ce télésiège qui surplombe un dangereux à-pic.

Photo 1 : Bellevarde : La Banane

THE BANANA

One of the most frequented off-piste runs in Val d'Isère due to the very easy access for such a large vertical drop.
Its south-easterly exposure limits the possibilities because the snow heats up early in the morning. In the springtime the snow doesn't always transform well due to the deep tracks left by the large number of skiers.

- ***Approach*** : *Bellevarde funival or télécabine.*
- ***Vertical Drop*** : *900 m.*
- ***Aspect*** : *south east.*
- ***Technical Difficulty*** : *difficult; many tracks, often frozen.*
- ***Engagement*** : *quite serious.*
- ***Danger*** : *avalanches, snow slides in spring.*
- ***Route-finding*** : *not difficult.*
- ***Suitable period*** : *february, march.*
- ***Monoski and surf*** : *very good, for experts.*

ITINERARY : *go down the start of the piste de la Face from the top of Bellevarde. At the first bend to the left, continue straight on through a little col which is usually blocked off with a «DANGER» sign and an easily visible rock on the right hand side. The first slope is very easy and leads to a flattish slope ending in a heap of rocks. You can go past then to the left and if need be back-track. If you decide to go past to the right, you must watch out for a slope at an angle to the right of which there is a ravine which drops into the Santons piste. Go to the right as soon as possible (photo 1) looking out for the rock face which spans the whole length of this mountain side and has only one or two very steep passages.*

Ski down to another flattish slope before taking the slope which leads to the bottom of the Santons. It is also possible to travers left and go down towards Chatelard after going around a rock outcrop.

It is possible to do a variant if you take either the traverse to the left after the rock face or the entrance by a corridor; go over the rock outcrop and ski to the Layes chair lift which takes you to the top of Bellevarde. In this case you don't have to go below the entrance to the chair lift which overhangs a dangerous precipice.

LE CAIRN

Il s'agit d'une grande classique de Val d'Isère, sur une pente où la neige reste bonne longtemps, et se terminant en forêt. Le paysage est agréable, avec une belle vue sur la station.

- **Accès** : Funival ou télécabine de Bellevarde.
- **Dénivellation** : 900 m.
- **Exposition** : est.
- **Difficulté technique** : Assez Difficile.
- **Engagement** : assez engagé.
- **Cheminement** : peu complexe.
- **Période propice** : tout l'hiver.
- **Monoski et surf** : parfait.

ITINERAIRE : en venant du Funival, il faut se diriger vers la Face en restant aussi haut que possible. La traversée vers la gauche se fait au ras des rochers surplombant la descente olympique, et se poursuit sur toute la largeur de la face Est de Bellevarde. Après avoir franchi le câble du téléphérique, on aboutit au-dessus d'une très belle pente, très régulière, qui surplombe le village (photo 2).

La descente doit être poursuivie sur 200 ou 300 m en direction d'une petite bordée de mélèzes qui apparaît bientôt, légèrement sur la gauche. Cette combe est délimitée sur la droite par un monticule couvert d'arbres, puis par un second plus important, le Cairn. Passer entre les deux monticules amène à rejoindre la piste de la Face, mais on peut aussi gagner cette dernière en passant en dessous du Cairn par une sorte de chemin à travers la forêt.

En poursuivant plus bas dans la combe on aperçoit bientôt un premier paravalanche. On peut encore, à ce moment-là, prendre à droite vers la piste, mais on peut aussi poursuivre, en se méfiant toutefois d'un à-pic rocheux situé à environ 5 ou 6 m à droite et en dessous du paravalanche. Pas de danger ensuite, mais la combe est, bien sûr, assez pentue.

Prendre ensuite la route sur la gauche, pour rejoindre le pont qui traverse l'Isère à la hauteur de l'arrêt de la navette.

LE CAIRN

This is a great classic in Val d'Isère where the snow stays good for a long time after it falls. The scenery is beautiful, with a good view of the resort, ending in a forest.

- **Approach** : Bellevarde funival or télécabine.
- **Vertical drop** : 900 m.
- **Aspect** : east.
- **Technical difficulty** : quite difficult.
- **Engagement** : quite serious.
- **Route-finding** : not difficult.
- **Suitable period** : all winter.
- **Monoski and surf** : perfect.

ITINERARY : from the top of the cable car, go towards La Face, staying as high as possible. The travers left stays next to the rocks which overlook the olympic downhill run and continues along the whole length of the east face of the Bellevarde. Having passed the cable car wires you come to a superb, very regular piste which overlooks the village (photo 2).

Ski down 200 to 300 m towards a little depression surrounded by larch trees which can soon be seen slightly to the left. This depression's right hand boundary is marked by a tree covered mound, followed by a second, bigger one, the Cairn. Going between the two mounds takes you back to the Face slope, but you can also get to it by going below the Cairn along a forest path.

Carrying on down in the depression you come to the first avalanch barrier. From here you can either go past it towards the piste or continue, always being aware of a shear rock face about 5 to 6 m to the right, below the avalanch barrier. After this there is no more danger, but the depression remains fairly steep.

Take the road to the right to get to the bridge over the Isère river, level with the bus stop.

LA TABLE D'ORIENTATION

Une spectaculaire et belle variante du Cairn réservée aux bons skieurs amateurs de couloirs. La Table, située tout au sommet de Bellevarde, est un cadrant panoramique en ciment qui permet de repérer les principaux sommets de la région.

- **Accès** : Télécabine de Bellevarde.
- **Dénivellation** : 930 m.
- **Exposition** : est.
- **Difficulté technique** : Difficile. Couloir à 40° dans le haut.
- **Engagement** : assez engagé.
- **Cheminement** : peu complexe.
  5mn de montée au début.
- **Période propice** : tout l'hiver.
- **Monoski et surf** : pour les très bons.

ITINERAIRE : pour atteindre la Table d'Orientation, il faut prendre la benne de Bellevarde. On monte ensuite vers le sommet et les antennes que l'on aperçoit au-dessus de l'arrivée, en utilisant l'escalier métallique qui mène au départ de la descente olympique. Après avoir traversé l'ensemble des installations hertziennes vers l'ouest, en marchant sur la crête, on aperçoit tout au bout, sur la droite, un couloir entre deux gros rochers. Ce couloir assez pentu s'incurve ensuite vers la droite et permet de rejoindre le haut du Cairn (photo 2).

THE ORIENTEERING TABLE

This is a beautiful and spectacular variation of the Cairn for good skiers who love corridors. The Table, situated at the summit of Bellevarde, is a panoramic dial in ciment from which you can find the names of the main peaks in the region.

- **Approach** : Bellevarde télécabine.
- **Vertical drop** : 930 m.
- **Aspect** : east.
- **Technical difficulty** : difficult. Corridor 40° at the top.
- **Engagement** : quite serious.
- **Route-finding** : not complicated. 5 minutes climb to start.
- **Suitable period** : all winter.
- **Monoski and surf** : for the experts.

ITINERARY : take the Bellevarde cable car to get to the orienteering table. Go up towards the summit and the arials which you can see from the start by climbing the metal steps which lead to the start of the olympic downhill run. Once past the Hertzian equipment to the left you walk along a ridge from where you can see a corridor between two big rocks to the right. This fairly steep corridor veers to the right and leads to the top of the Cairn (photo 2).

Photo 2 : Bellevarde — 1 : Le Cairn — 2 : La Table d'Orientation.

LA FACE DU CHARVET

Cette descente splendide et très agréable (photo 3) présente de réels dangers. Elle doit être évitée après une forte chute de neige et à prohiber formellement les après-midi de printemps: important risque d'avalanche.

- **Accès** : Télésiège de Grand Pré.
- **Dénivellation** : 700 m.
- **Exposition** : est.
- **Difficulté technique** : Difficile; pente 35°.
- **Engagement** : assez engagé.
- **Dangers** : avalanches; risque de dévissage au printemps; barrière rocheuse.
- **Cheminement** : peu complexe.
- **Période propice** : tout l'hiver.
- **Monoski et surf** : long faux plat au départ. Très pénible en neige fraîche.

ITINERAIRE : au sommet du télésiège, poursuivre en traversée vers l'est, par la face sud du Charvet, en restant aussi haut que possible pour franchir le petit col qui amène sur la face est. Dès le col franchi, poursuivre la traversée vers la gauche, sur cette face, le long de la barrière rocheuse, jusqu'à sortir des couloirs d'avalanches (200 à 300 m environ). Il faut alors rejoindre, tout à fait vers la gauche, la combe qui est le seul passage raisonnable. A la sortie de la combe, une fois passée la barre rocheuse, on peut: soit poursuivre vers la gauche et l'épaule du Charvet pour rentrer sur Val d'Isère; soit au contraire revenir vers la droite pour rejoindre la route et le télésiège du Manchet à travers des coulées souvent importantes.

Il faut faire très attention, après le passage du col, à ne pas suivre aveuglément les traces qui descendent dès le début de la traversée, sauf sur une très courte distance, et à condition de reprendre tout de suite la traversée vers la gauche. Ces traces sont celles de skieurs de haut niveau dont certains empruntent le passage aléatoire de la très dangereuse paroi rocheuse située en contrebas.

En effet une variante spectaculaire, réservée à ceux qui connaissent parfaitement l'endroit, consiste à descendre tout de suite après le col, sur deux cents mètres environ. Arrivée à la hauteur d'un gros rocher en forme de parallélépipède, que l'on aperçoit cent mètres à gauche, il faut impérativement obliquer en traversée dans sa direction. On surplombe alors une très dangereuse barrière. Il faut reprendre la descente sous le rocher en direction de la vallée, avant de revenir peu à peu vers la droite, en suivant une combe qui va se rétrécisssant. Par bon enneigement, on aboutit à un étroit passage entre les rochers qui permet de rejoindre la vallée, face au télésiège du Manchet. Ce choix est à éviter sans une connaissance parfaite du terrain et de la neige, en raison des risques qu'il comporte.

FACE DU CHARVET

This great run is nevertheless very dangerous (photo 3).
It should not be skied after a heavy snowfall and is definitely prohibited in the afternoon in springtime due to the huge risk of avalanching.

- **Approach**   : *Grand Pré chair lift.*
- **Vertical drop**   : *700 m.*
- **Aspect**   : *east.*
- **Technical difficulty** : *difficult, 35° slope.*
- **Engagement**   : *quite serious.*
- **Dangers**   : *avalanching; risk of sliding in spring; rock cliff.*
- **Route-finding**   : *not difficult.*
- **Suitable period**   : *all winter.*
- **Monoski and surf**   : *long, flat slope at start. Very difficult in fresh snow.*

ITINERARY : *from the top of the chair lift travers to the east via the south face of Charvet, staying as high as possible in order to get over a small col which takes you to the east face. From here travers to the left of this slope, along the lenght of the rock wall to* the end of the avalanch corridors (about 200 to 300 meters). Go to a depression at the far left; this is the only good route. Once you have got past the rock wall, at the end of the depression, you can carry on to the left, to the Charvet shoulder to get back to Val d'Isère. The other alternative is to go back towards the right which takes you to the road and the Manchet chairlift, going past often big snow slides.

Be careful not to blindly follow tracks at the start of the travers, once past the col. You can follow the tracks for a short while only if you travers again straight away to the left. These tracks are made by very skilled skiers who go along the risky route to the very dangerous rock face below. This is a very spectacular variant reserved for those people who have a thorough knowledge of the area. It goes directly down below the col for about two hundred meters. Once you reach level with a big parallelepipede shaped rock, about 100 m to the left, you must travers diagonally towards it. There is a very dangerous rock face below. Ski below the rock towards the valley before gradually veering to the right along a slowly narrowing depression. In good snow condition you get to a narrow passage between the rocks from which you can get back to the valley, opposite the Manchet chair lift. This route should not be taken without a perfect knowledge of the terrain and the snow conditions due to the risks involved.

Photo 3 : Bellevarde — la face du Charvet

LE TOUR DU CHARVET

Certainement le hors-piste le plus connu de Val d'Isère, accessible à tous les skieurs, et donc très tracé. Le risque de coulées est important en raison de l'exposition plein sud. L'après-midi, on se méfiera en particulier des couloirs d'avalanches qui surplombent la fin des gorges, sur la gauche.

- **Accès**   : Télésiège du Grand Pré.
- **Dénivellation**   : 700 m.
- **Exposition**   : sud.
- **Difficulté technique** : Peu Difficile, mais traces souvent gelées.
- **Engagement**   : assez engagé.
- **Dangers**   : avalanches.
- **Cheminement**   : varié; peu complexe.
- **Période propice**   : tout l'hiver.
- **Monoski et surf**   : très long plat dans le bas. Bon courage!

ITINERAIRE : prendre le télésiège du Grand Pré. Au sommet, continuer droit, dans l'axe de cette remontée, vers la très belle pente qui s'offre à la vue (large faux plat). Trois options principales sont possibles:

la descente classique. Prendre légèrement sur la droite dès le départ vers le faux plat. Les moins bons skieurs continueront en traversée complètement sur leur droite, vers le fond du cirque, pour revenir à gauche en suivant le fond de la vallée. Les autres préféreront descendre directement. La suite est facile, sauf lorsque le gel a durci les traces de la veille. La promenade peut alors tourner au calvaire pour les chevilles fragiles! En fonction de l'enneigement, on peut ensuite emprunter l'une ou l'autre rive du ruisseau du Charvet, vers les gorges, passage étroit mais superbe. On poursuit ensuite en faux plat le long de la rivière jusqu'au Manchet avant de suivre sur la gauche la route qui passe sous la face du Charvet. Coulées fréquentes et dangereuses au printemps à cet endroit.

Sur l'autre versant, on aperçoit le télésiège du Manchet qui permet la remontée sur Solaise. On peut aussi suivre la vallée en longeant la piste de ski de fond vers Val d'Isère, à condition de ne pas craindre de pousser sur les bâtons et de maîtriser parfaitement le pas de patineur...

le Bec de l'Aigle. Depuis le haut, prendre légèrement sur la gauche et poursuivre, après le faux plat, la descente vers un rocher en forme de tour, le Bec de l'Aigle, que l'on voit très progressivement dépasser en contrebas. Celui-ci atteint, prendre le goulet situé à sa gauche pour rejoindre les gorges. A noter qu'au printemps les risques de coulées sont importants.

le couloir du Mont Blanc. Prendre franchement sur la gauche dès le départ, en traversée comme pour aller vers la face du Charvet. Après 200 m, on peut entamer la descente à sa guise, sur la droite vers le faux plat. A ce niveau, on peut encore rejoindre le Bec de l'Aigle que l'on aperçoit à droite. Pour atteindre le Couloir du Mont Blanc, il faut se diriger vers la barrière rocheuse nettement visible sur la gauche. Il n'y a pas de passage entre ces deux extrêmes. On découvre alors un couloir assez étroit, souvent avalancheux, qui conduit en aval des gorges du Charvet.

LE TOUR DU CHARVET

This is certainly the best well- know off- piste run in Val d'Isère. It is accessible to all skiers and therefore busy and very tracked out. Due to its south facing aspect it has a high risk of sliding. In the afternoon great care should be taken of the avalanche corridors above the end of the gorges, to the left.

- **Approach**   : *Grand Pré chair lift.*
- **Vertical drop**   : *700 m.*
- **Aspect**   : *south.*
- **Technical difficulty** : *not difficult, but tracks often frozen.*
- **Engagement**   : *quite serious.*
- **Dangers**   : *avalanches.*
- **Route-finding**   : *various; not complicated.*
- **Suitable period**   : *all winter.*
- **Monoski and surf**   : *very long flat slope at bottom, good luck!*

ITINERARY : take the Grand Pré chair lift. At the top carry straight on along the same line as the lift towards a beautiful long slope to a long flattish slope. There are three main options open from here:

The classic descent. Go slightly right from the start towards the flattish slope. The less experiences skiers can continue to travers to the right towards the bottom of the cirque from where the go along the bottom of the valley, to the left. Others may prefer to go straight down. The rest is easy except when the snow has frozen the day before's tracks. This can be very painful for weak ankles! Deepending on the amount of snow you can take either bank of the Charvet stream towards the gorges, through a narrow, but superb passage. From here you go along the level slope beside the river to Manchet before going along the road below the Manchet face. Snow slides are frequent and dangerous here in spring.

On the other side you can see the Manchet chair lift which takes you back to Solaise. You can also go along the valley next to the cross country ski piste towards Val d'Isère if you don't mind pushing on your ski poles and skating on your skis!

The Bec de L'Aigle. From the top go slightly left and after the flattish slope ski down towards a tour shaped rock, the Eagle's beak, which you can see rising above the snow below you. From the rock go left to a gully which takes you to the gorges. Take note that in spring there is a high risk of sliding.

The Mont Blanc corridor. Go well to the left at the start, traversing as if you were going towards the Charvet face. After 200 m you can go down where you like towards the flattish area. From here you can still get to the Bec de l'Aigle (Eagle's beak) which you can see to the right. To get to the Mont Blanc corridor you must go towards the easily visible rock face to the left. There is no route between the two extremes. We come to a fairly narrow, often avalanche prone corridor, which leads below the Charvet gorges.

LE COULOIR DES PISTEURS

Ce passage spectaculaire (photo 4), sans être vraiment extrême, est réservé aux excellents skieurs. Il faut le prendre par bon enneigement en essayant d'être parmi les premiers: sa fréquentation est en effet en augmentation et certains ont tendance à le descendre en escalier, d'où des marches rendant tout virage périlleux. La largeur est parfois réduite à 2 ou 3 m selon l'enneigement, et la pente est forte.

- **Accès**   : Télèsiège de Grand Pré.
- **Dénivellation**   : 450 m.
- **Exposition**   : nord.
- **Difficulté technique** : Très Difficile; couloir très étroit. Pente à 45°.
- **Engagement**   : assez engagé.
- **Dangers**   : rochers de part et d'autre.
- **Cheminement**   : marche d'approche de 20 mn.
- **Période propice**   : attendre un enneigement suffisant.
- **Monoski et surf**   : franchement déconseillé, sauf peut-être pour quelques virtuoses.

ITINERAIRE : prendre le télésiège de Grand Pré, comme pour le tour du Charvet. Au sommet il faut monter à pied sur la gauche en direction du Mont Charvet. On atteint bientôt une crête le long de laquelle il faut progresser sur environ 200 m. La vue au sommet incite au repos et c'est très bien avant cette descente assez dure physiquement.

Le départ du couloir se trouve le long de la crête, une trentaine de mètres sur la gauche avant le sommet (large entonnoir). Les cinquante premiers mètres sont les plus difficiles. Le couloir s'élargit ensuite, puis se sépare en trois branches menant à de très belles pentes. Celle de droite conduit tout droit au départ du téléski des Santons où la foule toujours nombreuse ne vous cachera pas son admiration. Il faut se méfier d'une petite barre rocheuse sur le bas, où il n'existe qu'un passage étroit.

Du sommet, les skieurs qui hésiteraient à se lancer dans le couloir peuvent rejoindre la face sud du Charvet, soit directement à l'opposé du couloir, soit en revenant sur leurs pas vers le début de la crête. Ils rejoindront alors sans difficulté le tour du Charvet en s'offrant en prime la belle pente sud du sommet dont la neige n'est pas toujours bonne en hiver, mais peut être un régal au printemps si elle est transformée.

Photo 4 : Bellevarde — Le couloir des Pisteurs

THE PISTEUR'S CORRIDOR

This spectacular route (photo 4), although not very extreme, is reserved for excellent skiers. It should be done in good snow conditions and you should try to be one of the first to go down as it is becoming more and more popular and people tend to step down it, thus making steps which make any turn very dangerous.

Sometimes it is only 2 to 3 meters wide (depending on the amount of snow) and it is very steep.

- **Approach**   : *Grand Pré chair lift.*
- **Vertical drop**   : *450 m.*
- **Aspect**   : *north.*
- **Technical difficulty**   : *very difficult, very narrow corridor 45° slope.*
- **Engagement**   : *quite serious.*
- **Route-finding**   : *20 minutes approach walk.*
- **Suitable period**   : *wait for enough snow.*
- **Monoski and surf**   : *definitely not recommended except maybe for a few virtuosos.*

ITINERARY : take the Grand Pré chair lift, as for the tour du Charvet. At the top you have to walk to the left towards the summit of Mont Charvet. From here you reach a crest along which you must go for 200 m. You should make the most of the view at the top and rest a while before starting to ski down.

The start of the corridor is along the crest, about 30 meters to the left, before the summit. It looks like a large funnel. The first 50 meters are the most difficult. After this the corridor gets wider before dividing into three branches, all of which lead to beautiful slopes. The one to the right leads straight to the start of the Santons button lift, where the constant crowd of people will be full of admiration. Watch out for a small rock face a bit lower down where there is only a small passage.

At the summit, those who don't dare go down the corridor can get back to the south face of the Charvet, either directly, opposite the corridor, or by backtracking to the start of the crest. From here they can easily get to the tour du Charvet from where they can ski down the beautiful south slope from the summit. The snow here is not always very good in winter, but is wonderful in spring if is well transformed.

LES SUPER SANTONS

Facilement accessible, ce court hors-piste n'a d'autre intérêt que d'être l'endroit de la station, avec l'Arselle, où la neige se transforme le plus vite. En contrepartie cette pente est sujette à de fréquentes coulées l'après-midi.

- **Accès** : Funival ou télécabine de Bellevarde.
- **Dénivellation** : 300 m.
- **Exposition** : sud.
- **Difficulté technique** : Peu Difficile.
- **Engagement** : peu engagé.
- **Dangers** : coulées; dévissage au printemps.
- **Cheminement** : évident.
- **Période propice** : printemps.
- **Monoski et surf** : parfait.

ITINÉRAIRE : en sortant du Funival, prendre vers la gauche, en visant un peu en aval du départ de la Face. On rejoint ainsi un petit monticule surmonté d'une balise triangulaire. Prendre alors soit à droite, soit à gauche de ce monticule pour basculer vers la combe des Santons. On aperçoit sur la droite le départ du télésiège que l'on peut éventuellement rejoindre.

Si l'enneigement et l'absence de risques de coulées le permettent, il est aussi possible de poursuivre assez loin sur la gauche, pour prolonger le plaisir avant de rejoindre la piste des Santons (située en contrebas) et redescendre vers la station.

LES SUPER SANTONS

This short easily accessible off-piste run is only really interesting because like Arselle, the snow transforms faster than anywhere else. However there are often slides on this slope in the afternoon.

- **Approach** : *Bellevarde funival or télécabine.*
- **Vertical drop** : *300 m.*
- **Aspect** : *south.*
- **Technical difficulty** : *not difficult.*
- **Engagement** : *not serious.*
- **Dangers** : *slides especially in spring.*
- **Route-finding** : *obvious.*
- **Suitable period** : *springtime.*
- **Monoski and surf** : *perfect.*

ITINERARY : go left from the top of the funival towards the start of the face, slightly below. Here you will find a little hillock with triangular beacon on top. You can either go left or right of this into the Santons depression. On the right - hand - side you can see the chair lift which it is possible to ski back to.

If there is enough snow and the risk of sliding minimal you can continue left and prolong the pleasure before gaining the Santons piste which takes you down to the resort.

LE COULOIR DU LAVANCHER

Ce couloir, facile d'accès et tout proche de la station est bien entendu extrêmement fréquenté. Dès les premières heures après les chutes de neige les amateurs s'y précipitent, et seuls les plus matinaux profitent réellement de cette descente. Dans ces conditions, on s'efforcera de ne pas oublier les risques de coulées toujours possibles. Lavancher en savoyard signifie avalanche...

- **Accès**   : Solaise Express ou télécabine de Solaise.
- **Dénivellation**   : 650 m.
- **Exposition**   : nord.
- **Difficulté technique** : Difficile; pente à 35°.
- **Engagement**   : assez engagé.
- **Dangers**   : avalanches. Traces profondes fréquentes.
- **Cheminement**   : peu complexe.
- **Période propice**   : tout l'hiver.
- **Monoski et surf**   : pour les très bons.

ITINERAIRE : le départ se prend face au nord, au sommet du Solaise Express, à gauche, perpendiculairement au télésiège et un peu en aval de l'arrivée (photo 5). La pente s'incurve peu à peu jusqu'à devenir forte sur une centaine de mètres environ, en une sorte de mur très large, bordé à gauche par des paravalanches et à droite par un à-pic invisible qui surplombe la piste L. Sur ce mur on trouve souvent quelques coulées. Le couloir du Lavancher se trouve en contrebas, à gauche du faux plat.

Après avoir traversé ce dernier en se dirigeant sur la gauche, en direction du village de Val d'Isère que l'on voit très bien, on distingue à droite un rocher curieux, en forme d'éperon surplombant le vide, et sur lequel pousse un petit sapin. Le Petit Couloir du Lavancher commence juste à droite de ce rocher et continue pratiquement jusqu'à la route. Il est relativement large (toujours plus de cinq mètres) et assez pentu.

Le trajet normal consiste à continuer vers Val en dépassant l'éperon rocheux du début. Après 50 m environ se trouve en effet un large entonnoir, le Couloir du Lavancher proprement dit, qui permet de descendre agréablement dans les sapins (quelques rochers à éviter). On rejoint la route tout près des premiers chalets de Val d'Isère, à l'arrêt de la navette. On peut aussi gagner directement les pistes en bas du front de neige, en obliquant franchement sur la gauche une fois atteint le bas de la forêt.

THE LAVANCHER CORRIDOR

The approach to this corridor is easy and it is near the resort, thus making it very popular. The enthousiasts are out there in the first hours after a fresh snow fall giving only the earliest risers the best pleasure. The risk of snow slides should not be forgotten, however- Lavancher in savoyard means avalanche...

- ***Approach***   : *Solaise Express or Solaise télécabine.*
- ***Vertical drop***   : *650 m.*
- ***Aspect***   : *north.*
- ***Technical difficulty*** : *difficult; 35° slope.*
- ***Engagement***   : *quite serious.*
- ***Dangers***   : *avalanches. Deep tracks often found.*
- ***Route-finding***   : *not difficult.*
- ***Suitable period***   : *all winter.*
- ***Monoski and surf***   : *For the very experienced.*

ITINERARY *: the start is north facing, at the summit of the Solaise Express and left, perpendicular to the chair lift, just below the finish (photo 5). The slope gets gradually steeper until it's steepest section which last about 100 meters and is like a large wall with an avalanche protection on the left side and an invisible drop- off which overlooks the Lavancher piste. There are often slides on this wall. The Lavancher corridor is below, to the left of the level area. Having traversed the level section, veer left towards the easily visible Val d'Isère. To the right there is a strange shaped rock, like a spur overlooking the void, with a little fir tree on it. The little Lavancher corridor starts just to the right of the rock and goes almost down to the road. It is relatively wide (more than 5 m all the way down) and is quite steep.*

The normal route goes on towards Val d'Isère, past the rock spur at the start. About 50 meters down you come to a big funnel, the real Lavancher corridor which is a good route through the trees, taking care to avoid the odd rock. You arrive near the first chalets at Val d'Isère, at the bus stop. You can also join the pistes directly by veering far to the left from the bottom of the forest.

Photo 5 : Solaise — 1. Le couloir du Lavancher — 2. Les Danaïdes

LES DANAIDES

Cette descente, très prisée il y a quelques années, est maintenant moins en vogue. Elle n'en reste pas moins l'une des plus agréables de la station malgré ses dangers. Facile d'accès, elle offre généralement une neige de très bonne qualité sur une pente nord se terminant en forêt.

- **Accès** : Solaise Express ou télécabine de Solaise.
- **Dénivellation** : 650 m.
- **Exposition** : nord.
- **Difficulté technique** : Peu Difficile.
- **Engagement** : assez engagé.
- **Dangers** : barre rocheuse très élevée. Ne pas emprunter par mauvaise visibilité.
- **Cheminement** : complexe, avec une variante risquée.
- **Période propice** : tout l'hiver.
- **Monoski et surf** : pour les bons.

ITINERAIRE : en haut du Solaise Express, prendre à gauche comme pour le Couloir du Lavancher (photo 5). Le premier mur se descend de la même façon, mais au lieu de tourner ensuite à gauche vers Val d'Isère, on poursuit tout droit sur le faux plat. Il faut absolument éviter de tourner à droite, car la pente devient vite dangereuse. Deux options sont possibles après le faux plat:
- Prendre complètement à droite jusqu'à longer l'impressionnante à - pic qui surplombe le bas de la piste L, et revenir ensuite sur la gauche. Le risque d'accident n'est pas négligeable pour qui ne contrôlerait pas parfaitement sa trajectoire. A éviter absolument par mauvais temps.
- Rester sur la partie gauche du faux plat en le traversant jusqu'à apercevoir un passage vers le bas qui serpente entre les mélèzes (photo 6) et évite une première barre rocheuse. Suivre cette combe sur 200 m, jusqu'à un bouquet d'arolles (sorte de grands sapins reconnaissables à leur couleur verte) situé sur la droite. Poursuivre la descente au delà serait dangereux, car une seconde barrière rocheuse obstrue le passage. On contourne donc les arolles en passant juste au-dessus, pour revenir ensuite vers la gauche sous les rochers.
On trouve alors un large passage entre les mélèzes, trace d'un ancien chemin muletier, que l'on évitera de suivre trop bas. En effet il faut garder suffisamment de hauteur pour rejoindre sur la gauche le long plat qui marque la fin de la piste L et qui mène à l'arrêt de la navette.

Photo 6 : Solaise, les Danaïdes

LES DANAIDES

A few years ago this run was very highly valued, but now it is less well known. It nevertheless remains one of the most pleasant descents despite the various dangers. Easily accessible and often with very good snow due to its north facing aspect, the run finishes in the forest.

- **Approach** : *Solaise Express or Solaise télécabine.*
- **Vertical drop** : *650 m.*
- **Aspect** : *north.*
- **Technical difficulty** : *not difficult.*
- **Engagement** : *quite serious.*
- **Dangers** : *very high rock cliffs. Not to be done in bad visibility.*
- **Route-finding** : *difficult, with a risky variation.*
- **Suitable period** : *all winter.*
- **Monoski and surf** : *in good conditions.*

ITINERARY : *from the top of the Solaise Express go left as if going to the Lavancher corridor (photo 5). Carry on down the first wall in the same way, but instead of turning left towards Val d'Isère, carry straight on to the level slope. You must definitely not turn right because the slope rapidly becomes dangerous. There are two possibilities after the level slope:*

- Go far right until you come alongside a sheer drop which overhangs the bottom of the Lavancher piste, then go back to the left. There is a high risk of accidents for anyone who is not in complete control of their direction. Definitely not to be done in bad weather conditions.

- Stay to the left on the level section and travers until you see a passage below which winds through the larch trees. Don't go too far down so as to be able to get to the long, flat slope to the left which is the end of the Lavancher piste and which leads to the bus stop.

LES SUPER L.

Une variante hors-piste de la Mattis ou de la L. Belle pente facile d'accès où la neige est souvent bonne.

- **Accès** : Solaise Express.
- **Dénivellation** : 650 m.
- **Exposition** : ouest, abritée du vent.
- **Difficulté technique** : Assez Difficile.
- **Engagement** : peu engagé.
- **Danger** : avalanches.
- **Cheminement** : évident.
- **Période propice** : tout l'hiver.
- **Monoski et surf** : très bien.

ITINERAIRE : à l'entrée de la piste L, suivre la route de l'Iseran qui mène au départ de la Mattis. Tout au long de ce parcours on peut descendre sur la gauche vers le fond de la combe du Laisinant. On choisira l'endroit idéal, celui où il n'y a pas encore de traces, car les possibilités sont nombreuses. Plus on se rapproche du départ de la Mattis, plus le dénivelé est important. Tous ces itinéraires amènent à rejoindre la L, par laquelle on terminera la descente.

LES SUPER L.

An off-piste variant of the Mattis or the L. Beautiful, easily accessible slope where the snow is often very good.

- **Approach**   : Solaise Express.
- **Vertical drop**   : 650 m.
- **Aspect**   : west, shaded from the wind.
- **Technical difficulty** : quite difficult.
- **Engagement**   : not serious.
- **Danger**   : avalanches.
- **Route-finding**   : obvious.
- **Suitable period**   : all winter.
- **Monoski and surf**   : very good.

ITINERARY : at the start of the L piste, follow the Iseran route which leads to the start of the Mattis. Throughout the whole length you can always turn left towards the bottom of the Laisinant valley. Try to find the best place, where there are no tracks, because there are numerous possibilities.
The further you get to the start of the Mattis the greater the vertical drop. All these routes take you to the L, from where you finish the descent.

LES MARMOTTES

Une très belle descente vers la station, malgré une neige souvent traîtresse et difficilement prévisible. Des accidents surviennent pratiquement chaque année sur cette pente qu'il faut éviter de fréquenter l'après-midi au printemps.

- **Accès**   : télésiège de la Madeleine ou télésiège du Manchet.
- **Dénivellation**   : 670 m.
- **Exposition**   : ouest.
- **Difficulté technique** : Assez Difficile dans le bas et le couloir.
- **Engagement**   : assez engagé.
- **Dangers**   : petites barrières rocheuses, mais surtout avalanches.
- **Cheminement**   : peu complexe, avec des variantes.
- **Période propice**   : tout l'hiver selon l'enneigement.
- **Monoski et surf**   : très bien.

ITINERAIRE : partir du télésiège de la Madeleine ou du Manchet, prendre nettement à droite de la piste des Marmottons. Se méfier toutefois des barrières rocheuses que l'on trouve à l'aplomb du Lac de l'Ouillette tout à fait à droite (photo 7). Une variante consiste d'ailleurs à atteindre directement les couloirs accessibles de cette barrière depuis le sommet de Solaise en contournant le Lac par le nord.

La descente est très agréable et ne comporte guère de danger si l'on prend soin de skier parallèlement à la piste des Marmottons. Dès que l'on aperçoit la barrière rocheuse sur la droite il faut prendre en traversée pour passer juste en dessous. On trouve là de très belles pentes (malgré des coulées fréquentes), en évitant de se laisser descendre trop bas où se trouve une seconde barrière. Il faut donc rester entre les deux, ce qui permet, par mauvais enneigement, de rejoindre sur la droite le bas de la piste «M». A défaut on rejoindra le bas des pistes à la hauteur du Club Med en traversant la petite forêt située en contrebas.

LES MARMOTTES

Great run down to the resort despite often difficult and unpredictable conditions. Accidents occur almost every year on this slope which should be avoided in the afternoon in springtime.

- **Approach**   : Madeleine chair lift or Manchet chair lift.
- **Vertical drop**   : 670 m.
- **Aspect**   : west.
- **Technical difficulty** : quite difficult towards the bottom and in the corridors.
- **Engagement**   : quite serious.
- **Dangers**   : small cliffs, but mainly avalanches.
- **Route-finding**   : not complicated, with variations.
- **Suitable period**   : all winter depending on amount of snow fall.
- **Monoski and surf**   : very good.

ITINERARY : *from the top of the Madeleine or Manchet chairlifts go to the far right of the Marmottons piste. Watch out for the cliffs directly above the Ouillette lake to the far right (photo 7). There is a variation which goes directly to the corridors, accessible from this cliff face from the summit of Solaise, by going around the lake to the north.*

This is a beautiful descent and is not dangerous provided you ski parallel to the Marmottons piste. As soon as you see the rock face to the right you must travers to stay above it.
Here there are some fantastic slopes despite the frequent slides. Be careful not to go down too far where there is another cliff. You must stay between the two which gives you the opportunity to go to the «M» piste, to the right; otherwise you can ski to the bottom of the pistes, level with the Club Med, by traversing a small wood just below.

Photo 7 : Solaise, Les Marmottes

LA SUPER S.

Situé à quelques centaines de mètres de la piste S, l'accès à cette descente est particulièrement aisé. Comme pour les Marmottes, il faut se méfier de la qualité de la neige, toujours aléatoire sur les versants ouest.

- **Accès**   : Solaise Express ou télécabine de Solaise.
- **Dénivellation**   : 650 m.
- **Exposition**   : ouest.
- **Difficulté technique**   : Difficile; pente à 35° par intermittence.
- **Engagement**   : peu engagé.
- **Dangers**   : avalanches; petite barre rocheuse dans le bas.
- **Cheminement**   : évident.
- **Période propice**   : tout l'hiver.
- **Monoski et surf**   : pour les bons.

ITINÉRAIRE : prendre le début du Plan, en restant sur la gauche le long des cordes qui délimitent la piste. Une fois atteint le terrain de décollage des parapentistes (que l'on s'efforcera de ne pas gêner), on quitte la piste sur la gauche, dans une large pente souvent tracée. On peut alors soit descendre tout droit sur l'épaule, soit prendre les combes situées encore plus à gauche (photo 8).

La descente par l'épaule, la Croupe de la S, mène à la lisière d'une forêt qu'il faut traverser pour rejoindre le bas de la piste. En effet rejoindre à cet endroit le bas des combes peut être dangereux en raison d'une petite barrière de rochers difficile à voir et des risques de coulées sur une pente momentanément assez forte.

La combe de droite, la Super S, ne pose pas de problème particulier et peut être suivie presque jusqu'au fond de la vallée. On peut choisir de revenir assez tôt vers la droite pour rejoindre le croisement des pistes S et M, ce qui permet d'atteindre facilement le bas des remontées mécaniques.

La combe de gauche, la Super-super S, plus étroite, rejoint la précédente vers le bas.

Photo 8 : Solaise — La Super S et la fin des Marmottes

LA SUPER S.

Only a few hundred meters from the S piste this run is particularly easy to get to. As for the Marmottes you should be aware of the quality of the snow which is always risky on west facing slopes.

- **Approach** : solaise Express or Solaise télécabine.
- **Vertical drop** : 650 m.
- **Aspect** : west.
- **Technical difficulty** : difficult; irregular 35° slope.
- **Engagement** : not serious.
- **Dangers** : avalanches; small cliffs towards the bottom.
- **Route-finding** : obvious.
- **Suitable period** : all winter.
- **Monoski and surf** : for the experienced.

ITINERARY : go down the top of the Plan, staying left next to the ropes at the edge of the piste. When you get to the area where the paragliders take off, try not to get in the way and go off the piste to the left, down a wide, often very skied out slope. From here you can either ski straight down the shoulder or go further left down the depressions (photo 8).

The descent down the shoulder, known as the Croupe de la S, leads to a clearing in a forest which you must go across to get to the bottom of the piste. It can be dangerous to try to get to the bottom of the depressions from here because of a small rock wall, hidden rocks and the risk of sliding on a steep part of the slope.

The depression to the right, the Super S, is not difficult and can be followed to the end of the valley. You can turn right fairly on to get to the junction of the S and M pistes which allows you to get to the bottom of the lifts fairly easily.

The narrower depression to the left, the Super-super S, joins the bottom end of the Super S.

L'ARSELLE

L'une des plus belles pentes de Val, particulièrement en fin de matinée au printemps par neige transformée. L'après-midi la neige devient vite lourde en hiver, et dangereuse en fin de saison.

- **Accès**   : télésiège de la Madeleine, télésiège de Cugnaï, ou télésiège du Manchet selon la variante.
- **Dénivellation**   : 650 m à 900 m.
- **Exposition**   : sud-ouest.
- **Difficulté technique** : Assez Difficile; neige parfois très lourde.
- **Engagement**   : assez engagé.
- **Dangers**   : coulées rares mais possibles.
- **Cheminement**   : peu complexe.
- **Période propice**   : printemps.
- **Monoski et surf**   : parfait. Rester conscient de la dégradation de la neige.

ITINERAIRE : (photo 9).

Par le télésiège de la Madeleine.

Au sommet, prendre tout de suite à droite la courte pente exposée à l'ouest qui mène à un large faux plat. On préférera peut-être monter dans l'axe du télésiège, face au sud, pendant une cinquantaine de mètres pour passer au-dessus d'une petite corniche. Il suffit ensuite de descendre vers le Manchet. Plusieurs passages sont possibles, à condition de se méfier de la barre rocheuse située à gauche.

Par le télésiège de Cugnaï.

Prendre la piste Saint-Jacques pendant une dizaine de mètres pour pouvoir passer sous les sièges en vue d'une longue traversée à gauche, face au nord-ouest. On atteint ainsi le Col de la Madeleine qui permet de rejoindre sur son versant droit les pentes précédentes. Si l'on s'est laissé dériver vers le sud et la vallée de Cugnaï, il faut revenir à droite à la hauteur du large replat situé à mi-pente.

Par le télésiège du Manchet.

Prendre à droite au sommet pour une longue traversée du faux plat en direction du sud. On rejoint ainsi la descente normale.

L'ARSELLE

One of the best slopes in Val, especially late morning in spring, in transformed snow. In the afternoon the snow quickly turns heavy in winter and is dangerous at the end of the season.

- **Approach** : *Madeleine chair lift, Cugnaï chairlift of Manchet chair lift depending on variant.*
- **Vertical drop** : *650 m to 900 m.*
- **Aspect** : *south- west.*
- **Technical difficulty** : *quite difficult; snow sometimes very heavy.*
- **Engagement** : *quite serious.*
- **Dangers** : *slides are rare, but possible.*
- **Route-finding** : *not complicated.*
- **Suitable period** : *spring.*
- **Monoski and surf** : *perfect. Be aware of the changing snow quality.*

ITINERARY : *(photo 9).*

By the Madeleine chair lift:

Go right at the top towards a short west facing slopes which leads to a large level area. You can also walk up for about 50 meters above the chairlift, on a south facing slope to get above a small cornice. From here you just ski down to the Manchet. There are several possible routes but beware of the cliff to the left.

From the Cugnaï chair lift:

Go down the Saint-Jacques piste for a douzen odd meters in order to ski beneath the chairlift on a long north- west facing travers to the left. Once you have reached the col de la Madeleine you can get to the right-hand-side of the slopes. If you should veer off to the south of the Cugnaï valley you have to go right level with a big level area, half way down the slope.

From the Manchet chair lift:

Go right at the top along a long travers across the level area, southwards. From here you come to the normal route.

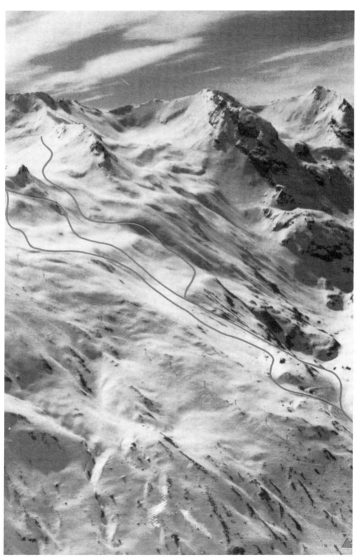

Photo 9 : Solaise, l'Arselle

LE VALLON DE CUGNAI

Une descente devenue une grande classique depuis l'ouverture du télésiège de Cugnaï; elle se pratique de préférence en neige fraîche car les traces sont vite nombreuses. Une très belle promenade en tous cas avec des options variées.

- **Accès**   : Télésiège de Cugnaï.
- **Dénivellation**   : 900 m.
- **Exposition**   : ouest.
- **Difficulté technique** : Assez Difficile, la qualité de la neige étant aléatoire.
- **Engagement**   : assez engagé.
- **Cheminement**   : peu complexe.
- **Période propice**   : tout l'hiver.
- **Monoski et surf**   : long faux plat sur la fin.

ITINERAIRE : en haut du télésiège, on pourra, si la neige le permet, monter sur la crête située à droite et prendre tout de suite la pente orientée au sud. Plus classiquement on franchit, face à l'arrivée du télésiège, une petite barrière rocheuse pour rejoindre une courte traversée. Si l'enneigement est insuffisant il peut être nécessaire de déchausser pour ce passage étroit et délicat.

On descend alors sans difficulté particulière dans une grande combe qui se rétrécit peu à peu jusqu'au bas du Vallon. On peut aussi prolonger la traversée pour rejoindre, de l'autre côté, la partie de la descente qui est abritée du soleil par la Pointe de l'Arselle. Là se trouve en général la meilleure neige, dont on pourra profiter sans risque, à l'exception de quelques cailloux pas toujours apparents (photo 10).

Une fois au fond du vallon, la progression se fait le long de la Rivière de Cugnaï (photo 11), pour rejoindre sur la droite le télésiège du Manchet après l'ancien hameau.

Variante des Fours: une très belle variante consiste à se diriger vers le refuge des Fours. Pour cela, à la fin de la barrière rocheuse de l'Arselle, on oblique vers la gauche par un petit col. On aperçoit alors le refuge à 500 ou 600 m, un peu plus haut, au milieu d'une

Photo 10 : Solaise, le haut de Cugnaï

sorte de cirque. En poursuivant dans sa direction, on débouche sur l'un des plus beaux paysages de Val d'Isère, le Fond des Fours, sous la pointe du Pelaou Blanc. On peut ensuite descendre presque partout, avec les précautions d'usage; soit en prenant les combes de droite, soit en poursuivant la traversée vers le fond du cirque pour atteindre les pentes situées en face (se méfier des coulées fréquentes). On rejoint alors facilement le vallon de Cugnaï.

LE VALLON DE CUGNAI

Since the openning of the Cugnaï chair lift this run has become a great classic; it is best in new snow because it is quickly tracked out. A great off- piste ski with several options.

- **Approach**   : Cugnaï chair lift.
- **Vertical drop**   : 900 m.
- **Aspect**   : west.
- **Technical difficulty** : quite difficult, the snow quality is always very good.
- **Engagement**   : quite serious.
- **Route-finding**   : not complicated.
- **Suitable period**   : all winter.
- **Monoski and surf**   : long level run out.

ITINERARY : if the snow conditions are good you can climb up a crest to the right of the top of the chair lift and go straight down the south facing slope. Usually you climb over a small rock face opposite the top of the chair lift a ski along a short travers. If there is not enough snow you may have to take your skis off for this narrow and tricky passage.

From here you ski down an easy valley gradually narrows towards the bottom. You can also continue traversing to get to the other side of the run which is shaded by the Pointe de l'Arselle. The best snow is found here and the only risk is that of a few small, hidden rocks (photo 10).

At the bottom of the valley you ski along the Cugnaï river (photo 11) to the Manchet chaif lift on the right, past the old hamlet.

The Fours variant: a beautiful variant which goes via the Fours hut. For this, go diagonally left over a small col once past the Arselle cliff. From here you can see the hut just above, about 500 or 600 m away in the center of a small cirque. If you continue towards this you come to one of the most beautiful scenery in Val d'Isère, the Fond des Fours, below the Pointe du Pelaou Blanc. From here you can go down almost anywhere, taking the usual precautions, either by the right- hand valleys or by continuing along the travers to the bottom of the corrie to the slopes opposite, watching out for the often frequent slides. You then can easily get to the vallon de Cugnaï.

Photo 11 : Solaise, Cugnaï

LA FORET DU FORNET

Cette descente, très courte, est l'une des meilleures à faire par temps couvert ou par chute de neige. En effet la présence des arbres améliore très nettement la visibilité. Par ailleurs la qualité de la neige, sur ce versant exposé au nord et abrité du vent, est souvent excellente.

- **Accès**   : Téléphérique du Fornet.
- **Dénivellation**   : 380 m.
- **Exposition**   : nord.
- **Difficulté technique** : Assez Difficile. Difficile par le couloir.
- **Engagement**   : assez engagé.
- **Dangers**   : barres rocheuses.
- **Cheminement**   : peu complexe.
- **Période propice**   : tout l'hiver.
- **Monoski et surf**   : bien. Il faut maîtriser le passage entre les arbres.

ITINERAIRE : en sortant du téléphérique du Fornet, passer devant la terrasse du restaurant, et descendre à droite pour franchir le petit pont. On remonte en face de quelques mètres jusqu'au poteau électrique. La descente par la combe que l'on aperçoit en contrebas rejoint rapidement la piste noire de la Forêt. Une traversée d'une cinquantaine de mètres permet d'arriver à l'aplomb des premiers mélèzes. La descente à cet endroit mène directement jusqu'en bas du Fornet, à condition de ne pas chercher à revenir vers la combe dont on est vite séparé par une barrière rocheuse. A l'approche du village, le mieux est de sortir assez tôt vers la droite, pour rejoindre le bas de la piste, en franchissant le ruisseau de l'Iseran (photo 12).

Variante du Plan Charbonnel: une très agréable variante consiste à poursuivre la traversée vers la gauche après le pont, sur une centaine de mètres environ et à descendre le long des premiers arbres derrière lesquels se trouve une barrière rocheuse. Celle-ci se franchit cinquante mètres plus bas par un ou deux passages que l'on devine, et qu'il faut suivre prudemment. Une courte traversée mène dans un petit cirque parsemé de mélèzes, appelé Plan Charbonnel. On peut alors descendre directement dans la forêt vers le village du Fornet, ou poursuivre la traversée jusqu'au fond du cirque et descendre sur la partie gauche, le long des rochers où la neige est souvent très bonne. On découvre ensuite une pente assez dégagée qui mène à la route du Fornet. Là, il faut: soit descendre le long de la rive gauche de l'Isère jusqu'à l'arrêt de la navette en bas de la piste Mattis; soit remonter à pied vers le Fornet et le départ du téléphérique.

Variante Gerthoffert: par bonne visibilité les fanatiques de couloirs peuvent accéder au Plan Charbonnel en empruntant le «Couloir Geerthoffert». Celui-ci tient son nom d'un parisien (une fois n'est pas coutume) de l'Armée de l'Air, qui fut le premier avec Guy Bonnevie à emprunter ce passage, à une époque où ce sport passait pour une folie. Pour l'atteindre, il faut poursuivre vers l'ouest après le pont, sur environ trois cents mètres, en longeant la très haute barre rocheuse qui amène à l'extrémité gauche du cirque. Attention, car si le début du couloir n'est pas très difficile à trouver, l'erreur peut être fatale.

THE FORNET FOREST

This very short run is one of the best to do in bad weather or during a snow fall. The trees make the visibility better and the snow is often excellent on this north facing slope, sheltered from the wind.

- **Approach** : *Fornet cable car.*
- **Vertical drop** : *380 m.*
- **Aspect** : *north.*
- **Technical difficulty** : *quite difficult. Difficult down the corridor.*
- **Engagement** : *quite serious.*
- **Dangers** : *cliffs.*
- **Route-finding** : *not complicated.*
- **Suitable period** : *all winter.*
- **Monoski and surf** : *good. Have to be able to ski through trees.*

ITINERARY : go across the restaurant terrace at the top of the cable car and go down to the right over a little bridge. Climb up several meters to the electricity pylon opposite. The descent in the depression below joins the black forest run not far below. If you travers about 50 meters you get to the edge of some larch trees. Skiing down from here takes you directly to the bottom of the Fornet. Don't try to get back into the depression because of the cliffs here. Once you get near the village the best solution is to go right fairly early and cross the Ruisseau de l'Iseran (photo 12).

Plan charbonnel variant: a nice variant is to continue to travers left after the bridge for about 100 meters and to go down alongside the first trees, behind which is the cliff. You can get past this through one of two passages which you can make out. Take care going through them. A short travers takes you to a small corrie dotted with larch trees, called Plan Charbonnel. From here you can go straight down through the forest to the village of Fornet, or continue traversing to the end of the corrie and go down on the left-hand-side. Ski alongside the rocks where the snow is often very good. You then come across a fairly clair slope which leads to the route du Fornet. From here you can either go down the left river band or you can walk up towards the Fornet and the cable car departure.

Gerthoffert variant: in good visibility the corridor fans can get to Plan Charbonnel by the «Gerthoffert corridor». This corridor is named after a Parisian from the air force who, with Guy Bonnevie, was the first to go along this route at a time when the sport was considered totally mad. To get here you must go west after the bridge for about 300 meters. Go along the length of a very high cliff which leads to the far left of the corrie. Be careful because although the start of the corridor is not difficult to find, an error could be fatal.

Photo 12 : La Forêt du Fornet

LE LIEVRE BLANC

Il s'agit d'une pente peu pratiquée, sans doute à cause du risque important de coulées, ou peut-être à cause de la difficulté qu'il peut y avoir pour rejoindre la route.

- **Accès**   : Téléphérique du Fornet.
- **Dénivellation**   : 500 m.
- **Exposition**   : nord.
- **Difficulté technique**   : Difficile.
- **Engagement**   : assez engagé.
- **Dangers**   : avalanches.
- **Cheminement**   : peu complexe.
- **Période propice**   : tout l'hiver.
- **Monoski et surf**   : pour les bons.

ITINERAIRE : (photo 13) prendre au départ du Fornet comme pour la Forêt. Après le pont, il faut poursuivre sur la route qui mène au col de l'Iseran, en montée face à l'ouest sur 400 à 500 m. Pendant cette marche, on domine sans la voir la barrière rocheuse bordée de sapins qui surplombe le Plan Charbonnel et la forêt du Fornet. Tout de suite après cette barrière, la route fait un léger virage à gauche et cesse de monter. On aperçoit alors sur la droite le début d'une combe assez étroite. Celle-ci mène à une sorte de couloir pas très pentu, que l'on peut emprunter, et dont l'épaule gauche est praticable dans le dernier tiers, en fonction de la qualité de la neige. L'épaule droite est dangereuse, car la neige repose fragilement sur des dalles rocheuses.

En ne descendant pas trop, il est possible de rejoindre en traversée vers la gauche le bas de la piste Mattis. En poursuivant par contre jusqu'en bas, on rencontre l'Isère. Il faut alors longer la rivière vers l'aval, ce qui est souvent fastidieux.

Une variante consiste à poursuivre encore la route sur 200 mètres jusqu'à découvrir sur la droite une large combe bien dégagée. Cette pente est accessible depuis Solaise: pour cela il faut suivre la route qui mène au départ de la Mattis. A cet endroit, laisser la piste sur la gauche et descendre tout droit. La combe se rétrécit à l'entrée de la forêt. On poursuit par des pentes très raides entre quelques bouquets d'arbres clairsemés. On rejoint alors le bas du premier itinéraire.

Photo 13 : Fornet, le Lièvre Blanc

THE WHITE HARE

This is a rarely skied slope, probably due to the risk of large slides, or maybe because of the difficulty in getting back to the road.

- **Approach**   : *Fornet cable car.*
- **Vertical drop**   : *500 m.*
- **Aspect**   : *north.*
- **Technical difficulty** : *difficult.*
- **Engagement**   : *quite serious.*
- **Dangers**   : *avalanches.*
- **Route-finding**   : *not complicated.*
- **Suitable period**   : *all winter.*
- **Monoski and surf**   : *for the experienced.*

ITINERARY : (photo 13) go from the start of Fornet as for the «Forest». After the bridge go along the road which leads to the col de l'Iseran, climbing 400 to 500 m on the west facing slope. You walk above a cliff edged with fir trees which overlooks the Plan Charbonnel and the Fornet forest. Once past this cliff the road turns slightly left and stops climbing. You can make out to the right the start of a fairly narrow depression. This leads to a sort of corridor. It is not very steep and the last third of it can be skied if the snow conditions are good enough. The right shoulder is dangerous because the snow slides on the rock face below.

If you don't go down too far you can get back to the bottom of the Mattis piste by traversing to the left. If you continue on to the bottom, you get to the Isère. From here you go down the river bank which can be rather tedious.

There is a variant which continues 200 meters along the road until you come to a large, open valley to the right. This is accessible from Solaise: to get here you have to go along the road which leads to the start of the Mattis. Here you leave the piste to your left and go straight down. The valley gets narrower at the entrance to the forest. Carry on down the very steep slopes between scattered clumps of trees. Here you come to the bottom of the first itinerary.

L'EPAULE DU PETIT SIGNAL

Rapidement accessible, cette courte descente n'en est pas moins agréable. L'altitude et l'orientation nord-ouest permettent d'espérer une bonne tenue de la poudre en début d'hiver, et de la neige transformée au printemps. On se méfiera cependant du risque de plaques sur ce versant très exposé au vent.

- **Accès** : Téléski du Signal.
- **Dénivellation** : 550 m.
- **Exposition** : nord-ouest.
- **Difficulté technique** : Assez Difficile; pente: 25° à 30°.
- **Engagement** : assez engagé.
- **Dangers** : plaques.
- **Cheminement** : évident.
- **Période propice** : tout l'hiver.
- **Monoski et surf** : pour les bons.

ITINERAIRE : (photo 14) à partir du haut du téléski du Signal, passer le col puis prendre immédiatement en traversée sur la gauche. Rejoindre la ligne de crête pour descendre jusqu'au pied de la tour rocheuse qui marque le sommet du Petit Signal. Contourner ce bloc par la droite, d'abord en traversée, puis en descendant d'une dizaine de mètres pour parvenir jusqu'à la fin de la corniche qui délimite habituellement la barre rocheuse située au nord du sommet. En la traversant on parvient sur une sorte de dôme d'une trentaine de mètres de large. De là on distingue très bien l'arrivée du téléphérique du Fornet, vers laquelle il faut se diriger.

On se méfiera d'une première barre rocheuse située légèrement à gauche de cet axe. Pour l'éviter, on passera assez près des deux poteaux bien visibles un peu sur la droite, destinés à acheminer les explosifs de déclenchement des avalanches. Un autre passage, plus étroit et plus pentu, existe juste à droite d'un troisième poteau situé à gauche. La descente peut ensuite être poursuivie sans difficulté vers le téléphérique, par une petite combe orientée au nord, dont l'entrée apparaît bientôt sur la gauche. Se méfier du manque de pente sur la fin qui peut gêner la progression en neige profonde.

THE SHOULDER OF THE PETIT SIGNAL

This short, pleasant run is easy and quick to get to. The altitude and north-west facing aspect means the snow remains powdery throughout the beginning of the winter and transforms in springtime. Be aware, however, of the risk of slabs on this very wind blown slope.

- **Approach**   : *Signal button lift.*
- **Vertical drop**   : *550 m.*
- **Aspect**   : *north west.*
- **Technical difficulty** : *quite difficult; 25° to 30° slope.*
- **Engagement**   : *quite serious.*
- **Dangers**   : *wind slabs.*
- **Route-finding**   : *obvious.*
- **Suitable period**   : *all winter.*
- **Monoski and surf**   : *for the experienced.*

ITINERARY : *(photo 14) from the top of the Signal lift go over the col and travers immediately to the left. Go along the top of the crest and ski down to the foot of the rock tower which indicates the summit of the Petit Signal. Go right of the block, first in a travers and then down a dozen meters to the end of a cornice which is the limit of a cliff to the north of the summit. By crossing this you can travers to a sort of dome, thirty meters wide. From here it is very easy to see the top of the Fornet cable car in which direction you must lead.*

Watch out for a cliff slightly to the left of this line. To avoid it you must go fairly close to the two easily visible pylons to the right. These are used to transport the explosives which set off avalanches. There is another narrower and steeper route just to the right of a third pylon to the left. Soon you come to the entrance of a little, north facing depression on your left. This takes you straight down to the cable car and is not difficult. Be aware of the flat slope towards the end which is slow going in deep snow.

LE VALLON DU PETIT SIGNAL

Très aisément accessible, cette descente est une bonne mise en jambes avant d'attaquer les pentes du Grand Vallon ou du Col Pers. La neige est le plus souvent bonne, compte tenu de l'exposition, mais on se méfiera des coulées sur les pentes les plus raides. Malgré la proximité des remontées, la variété des passages permet de trouver de la neige vierge bien après les chutes de neige, ce qui devient un luxe. Par visibilité réduite, il vaut mieux rester à proximité du téléski pour être à l'abri de toute mauvaise surprise.

- **Accès**   : Téléski du Signal.
- **Dénivellation**   : 500 m.
- **Exposition**   : nord-ouest.
- **Difficulté technique** : Peu Difficile.
- **Engagement**   : peu engagé.
- **Dangers**   : coulées. Quelques barres rocheuses.
- **Cheminement**   : évident. Plusieurs possibilités.
- **Période propice**   : tout l'hiver.
- **Monoski et surf**   : très bien.

ITINERAIRE : (photo 14). En haut de la remontée du Signal, prendre la piste sur quelques mètres pour revenir dès que possible vers la droite de l'autre côté du téléski. On peut alors profiter de la belle pente située entre celui-ci et la barre rocheuse du Petit Signal. On rejoint la piste un peu plus bas. Il faut la suivre sur une vingtaine de mètres avant de prendre sur la droite la petite combe qui mène sans difficulté au sommet du téléphérique du Fornet.

Par mauvaise visibilité, on préférera poursuivre sur la piste le long du virage à gauche qui amène à croiser de nouveau le téléski.
La descente est alors possible le long du téléski, d'un côté comme de l'autre, en le serrant de près si on choisit le côté droit, car il faut se méfier d'une petite barre située à une dizaine de mètres après le virage de cette remontée. On peut choisir de descendre plus à droite, entre le téléski et le télécabine du Vallon de l'Iseran, à condition de se garder de cette première barre et d'une autre située à la même hauteur, pratiquement sous les câbles du télécabine. C'est là qu'on trouvera la meilleure pente.

LE VALLON DU PETIT SIGNAL

This very easily accessible slope is a good warm up before setting out for the slopes of the Grand Vallon or the Col Pers. The snow is usually good due to its aspect but you should watch out for slides on the steeper slopes. Despite its proximity to the lifts, it is often possible to find virgin snow long after a snow fall thanks to the many various routes possible. This is a rare luxury. In bad visibility it is advisable to stay near the button lift to avoid any mishaps.

- **Approach**   : *Signal button lift.*
- **Vertical drop**   : *500 m.*
- **Aspect**   : *north west.*
- **Technical difficulty** : *not difficult.*
- **Engagement**   : *not serious.*
- **Dangers**   : *slides. Several cliffs.*
- **Route-finding**   : *obvious. Various possibilities.*
- **Suitable period**   : *all winter.*
- **Monoski and surf**   : *very good.*

ITINERARY : *(photo 14) go down the piste from the top of the Signal lift for a few meters before cutting across the lift to the right as soon as possible. Ski down from here between the lift and the Petit Signal cliff to the piste just below. Follow the piste for about 20 meters before turning right down a little valley which leads to the top of the Fornet cable car.*

In bad visibility it is better to stay on the piste to the long left hand bend which cuts across the button lift again. From here you can either ski along either side the lift. If you choose the right - hand side you should stay very close because there is a little cliff about 12 meters after the bend in the lift. Otherwise you can go further to the right, between the button lift and the Vallon de l'Iseran télécabine, baring in mind this first cliff and a second one on the same level, almost directly below the cables of the télécabine. This is the best slope.

LE GRAND VALLON

Les amateurs sont nombreux à se précipiter vers le Grand Vallon après chaque chute de neige importante, lorsque le soleil revient. Cette face nord, facile d'accès et sans difficulté technique garantit souvent une neige de très bonne qualité. Comme toute médaille a son revers, il faut avouer qu'il est de plus en plus difficile d'y faire sa trace, à moins d'être excessivement rapide et matinal. A défaut, la neige striée dans tous les sens devient vite un champ de bataille.

- **Accès**   : téléski du Signal.
- **Dénivellation**   : 550 m ou 950 m selon l'option.
- **Exposition**   : nord/nord-ouest.
- **Difficulté technique** : Peu Difficile, sauf par endroits.
- **Engagement**   : assez engagé.
- **Dangers**   : avalanches.
- **Cheminement**   : peu complexe avec variantes.
- **Période propice**   : tout l'hiver.
- **Monoski et surf**   : parfait.

ITINERAIRE : pour rejoindre cette pente, il faut prendre le téléski du Signal en haut du téléphérique du Fornet. A l'arrivée, on bascule tout de suite à gauche derrière la crête, pour une très large descente qui domine la vallée de l'Isère (photo 14). Plusieurs options sont alors possibles:

- Revenir vers le haut du téléphérique du Fornet. Pour cela, il faut, après 500 m de descente, prendre en traversée sur la gauche, au début d'une sorte de grand faux plat. La traversée se poursuit sur une pente assez faible, jusqu'aux remontées mécaniques. A tout moment on peut changer d'avis et poursuivre la descente jusqu'en bas du Fornet. Se méfier toutefois de quelques barres de rochers, en général visibles, et des ponts recouverts de neige que traverse la route du Col de l'Iseran.

- Depuis le haut, il est possible aussi de descendre directement vers le fond de la vallée, en poursuivant au-delà de la traversée du faux plat, face au nord. On atteint sans difficulté les pentes qui entou-

Photo 14 : Fornet - 1. Le vallon du Petit Signal
2. L'épaule du Petit Signal - 3. Le Grand Vallon

rent le vallon du ruisseau des Sounières. On restera de préférence sur la rive droite de cette combe, pour éviter quelques barres qui obstruent l'autre versant. En bas, prendre progressivement à gauche pour rejoindre le virage de la piste Mangard, là où elle quitte la route de l'Iseran.

Une variante, en fonction de la qualité de la neige, consiste à prendre dès le départ en traversée vers la droite jusqu'à atteindre le versant ouest de la Pointe du Grand Vallon. Plus avalancheuse, la neige y est aussi plus vite transformée au printemps. De là on rejoint facilement le faux plat.

Variante de la face Nord de la Pointe du grand Vallon: on peut profiter des belles pentes nord qui surplombent l'Isère entre le ruisseau des Sounières et le pont Saint-Charles. Prendre comme précédemment la pente ouest de la Pointe du Grand Vallon, et tourner à droite dès que possible pour passer derrière le sommet vers la face nord. Descendre ensuite sur l'Isère, la pente moyenne étant proche de trente degrés.

Se méfier d'une barre assez dangereuse située dans la direction du pont. Il faut donc commencer la descente sur la partie gauche ou médiane du plan, et rejoindre vers la gauche le virage de la piste Mangard, ou revenir prudemment vers la droite en vue de cette barre pour rejoindre ensuite le Pont Saint-Charles.

On peut au contraire prendre complètement à droite tout de suite derrière la Pointe du Grand Vallon pour rejoindre la combe du ruisseau du Vallonnet, et la suivre ensuite jusqu'au pont. Après avoir franchi ce dernier, prendre en pas de patineur la route qui mène vers le Fornet.

LE GRAND VALLON

As soon as the sun shines after a big snow fall many skiers flock to the Grand Vallon. Good snow is almost guaranteed on this north facing, easily accessible, not technically difficult slope. It is very difficult nowadays to make your own tracks unless you are either very quick or are up first thing in the morning. Otherwise the tracked out slope soon becomes a real battle field.

- **Approach** : Signal button lift.
- **Vertical drop** : 550 m or 950 m depending on route chosen.
- **Aspect** : north- north west.
- **Technical difficulty** : not difficult, excepting one or two areas.
- **Engagement** : quite serious.
- **Dangers** : avalanches.
- **Route-finding** : not complicated. Variants.
- **Suitable period** : all winter.
- **Monoski and surf** : perfect.

ITINERARY : from the top of the Signal lift (above the Fornet cable car) go left behind the crest and down a very wide slope which overlooks the Isère valley (photo 14). From here there are several options:

- Go upwards, towards the Fornet cable car. To do this you ski down 500 meters and then travers left at the start of a flattish slope. This level travers takes you to the lifts. You can change your mind at any time and go down to the bottom of Fornet. Whatch out for little cliffs however (usually visible) and the snow covered bridges crossing the road from the col de l'Iseran.

- From the top of the button lift it is also possible to go down directly to the bottom of the valley, skiing past the travers across the north facing level slope. The ski to the slopes around the Vallon du ruisseau des Sounières is not difficult. It is better to stay on the right hand bank of this depression because there are several small cliffs on the opposite side. Go gradually left at the bottom until you reach the bend in the Mangard piste, where it leaves the Iseran road.

It is possible to do a variant if the snow is good enough. This involves going right along a travers to the west side of the Pointe du Grand Vallon. This slope is avalanche prone and the snow texture changes fast in spring. From here it is easy to get to the level slope.

Variant of the north face of the Pointe du Grand Vallon: this variant takes you onto the beautiful north facing slopes above the Isère, between the ruisseau des Sounières and the Saint-Charles bridge. As above, take the west slope of the Pointe du Grand Vallon and turn left as soon as possible to go behind the summit, towards the north face. Ski down to the Isère on a slope averaging 30°.

Watch out for a dangerous cliff towards the bridge. You should therefore start your descent to the left or middle of the slope and go to the left to reach the bend in the Mangard piste. Otherwise you can go right to the Saint-Charles bridge, being careful to avoid the cliff.

You can also go immediately to the right, behind the Pointe du Grand Vallon to reach the ruisseau du Vallonnet valley and from there straight down to the bridge. Once over the bridge skate along the road towards Fornet.

LES VALLONNETS

Accessible aussi par le Col Pers, cette très belle descente déçoit rarement. Le paysage est varié, la pente suffisante sans être difficile, et l'exposition nord garantit généralement la qualité de la neige.

- **Accès** : téléski du Signal.
- **Dénivellation** : 950 m.
- **Exposition** : nord.
- **Difficulté technique** : Assez Difficile.
- **Engagement** : engagé.
- **Dangers** : quelques barres. Plaques à vent.
- **Cheminement** : peu complexe.
- **Période propice** : tout l'hiver.
- **Monoski et surf** : traversée au début, long faux plat à la fin.

ITINERAIRE : au sommet du Signal, procéder vers l'est en traversée, comme pour rejoindre la Pointe du Grand Vallon. Il est souvent surmonté d'une petite corniche généralement facile à franchir.

Juste après ce col, sur la gauche, une première combe, le creux de l'Ouille, conduit sans trop de difficulté vers la face nord. En se tenant sur la droite du creux, un petit passage entre les barres permet de rejoindre le ruisseau du Vallonnet et de descendre vers le pont Saint-Charles. La neige peut être très soufflée par le vent sur cette pente, et le déclenchement de plaques est alors possible.

Une autre option consiste à traverser le glacier vers l'est, pour atteindre une seconde combe beaucoup plus vaste. Celle-ci comporte plusieurs petites barres rocheuses, parfois surmontées de corniches. On les évitera au mieux en restant complètement sur la gauche, dans le ruisseau du Vallonnet, ou au contraire en se dirigeant entre les obstacles vers la partie droite de la combe, une belle descente orientée au nord-ouest. Les passages entre les rochers y sont nombreux, le mieux étant de se tenir dans les creux en restant prudent. On rejoint ainsi sur la gauche le bas de la combe principale (photo 15), qui décrit ensuite un virage «gauche-droite» avant de déboucher à l'aplomb du pont Saint-Charles.

LES VALLONNETS

This beautiful run is rarely disappointing. Also accessible from the Col Pers, the slope is steep enough without being difficult, it is very varied and its north facing aspect gives for good snow.

- **Approach**   : *Signal button lift.*
- **Vertical drop**   : *950 m.*
- **Aspect**   : *north.*
- **Technical difficulty** : *quite difficult.*
- **Engagement**   : *serious.*
- **Dangers**   : *several cliffs. Wind slabs.*
- **Route-finding**   : *not complicated.*
- **Suitable period**   : *all winter.*
- **Monoski and surf**   : *travers to start and long level section to finish.*

ITINERARY : *travers east from the top of the Signal as if to go to the Pointe du Grand Vallon. The wide col before the Pointe leads to the east side of the Grand Vallon glacier. There is often a small cornice on it but this is easy to get past.*

Just after the col there is a depression to the left, called the creux de l'Ouille, which leads to the north face without any difficulty. Keeping to the right of the creux, you come to a small passage between the rock faces which leads to the ruisseau du Vallonnet and a descent towards the Saint-Charles bridge. The snow can be very wind blown on this slopes and slabs can be set off.

Another option is to traverse east across the glacier to a second, much bigger depression. There are several cliffs here, often with cornices. They are best avoided by staying completely left, in the ruisseau du Vallonnet or by going between obstacles towards the right hand side of the depression. This is a beautiful run on a north west facing slope. There are many passages between the rocks, the best ones being in the bottom of the depression where it is nevertheless necessary to be caucious. At the bottom left of the main depression (photo 15) there is a zig- zag before you come level with the Saint-Charles bridge.

LE GRAND PISSAILLAS

Situé à proximité immédiate des pistes et des remontées, cette descente bénéficie de l'avantage de l'altitude: la neige reste souvent bonne longtemps après les chutes. Par contre la pente assez faible ne permet pas de skier lorsque la couche est trop épaisse. C'est en fait l'endroit idéal pour pratiquer l'école du hors-piste, et le royaume de ceux qui s'initient aux joies du monoski et du surf.

- **Accès**   : Télésiège de la Cascade.
- **Dénivellation**   : 400 m.
- **Exposition**   : ouest.
- **Difficulté technique**   : Facile.
- **Engagement**   : peu engagé.
- **Danger**   : barrière rocheuse au sud.
- **Cheminement**   : évident.
- **Période propice**   : tout l'hiver.
- **Monoski et surf**   : bien pour débuter en hors-piste.

ITINÉRAIRE : (photo 15) en partant du sommet de la remontée de la Cascade, prendre le début de la piste Moraine qui descend le long du télésiège. On atteint rapidement un long faux plat après lequel on peut quitter la piste de part ou d'autre. Le seul danger est constitué par la barre rocheuse qui borde le glacier sur la gauche en descendant. Il suffit de rester sous les sièges ou à proximité pour ne courir aucun risque.

Les Cascades: les très bons skieurs peuvent, lorsque la neige s'y prête, profiter d'une variante plus technique qui mène au téléski du Pays Désert. Il faut quitter la ligne du télésiège franchement sur la gauche (à 45° environ), une fois arrivé au quatrième poteau en partant du haut. Après 200 m, on passe près d'une roche assez visible, au-delà de laquelle il faut poursuivre en se méfiant de la barre rocheuse, très élevée à cet endroit. La pente s'incurve progressivement vers la droite, conduisant à une sorte de langue, brève mais amusante, inclinée à 40°, sur laquelle des coulées peuvent malheureusement se produire. On poursuit ensuite sur le faux plat en direction du téléski.

LE GRAND PISSAILLAS

This run is very close to the slopes and lifts and benefits from the altitude: The snow stays good for a long time after each snow fall. However the slope is not steep enough to be very interesting straight after a heavy snow fall. It is an excellent place to start ski off- piste and ideal to learn to monoski or surf.

- **Approach**   : *Cascade chair lift.*
- **Vertical drop**   : *400 m.*
- **Aspect**   : *west.*
- **Technical difficulty** : *easy.*
- **Engagement**   : *not serious.*
- **Danger**   : *cliff to south.*
- **Route-finding**   : *obvious.*
- **Suitable period**   : *all winter.*
- **Monoski and surf**   : *good to learn how to ski off- piste.*

ITINERARY : (photo 15) from the top of the Cascade ski lift ski down the top of the Moraine piste which goes along the side of the chairlift. You soon get to a long level area. Once past here you can leave the piste wherever you want. The only danger is that of a cliff on the left- hand side of the glacier as you go down. To avoid any danger just stay below the chair lift.

Les Cascades: there is a more technical variante for very good skiers when the conditions are right. This leads to the Pays désert button lift. From the 4 th pylon from the top of the chair lift you go straight left on a 45° angle. About 200 m further on you come to a usually visible rock. Past this you should go carefully, looking out for a very high cliff. The slope then curves to the right towards a sort of tongue. This 40° slope is short but fun, but be aware of slides. Carry along the level slope to the button lift.

LA COMBE DES 3300

Une descente agréable qui est une alternative au Pays Désert. Par contre, la neige n'est pas toujours bonne sur cette pente plus exposée au sud.

- **Accès** : Télésiège de la Cascade, ou téléskis du Montet et 3300.
- **Dénivellation** : 400 m ou 600 m selon la remontée utilisée.
- **Exposition** : sud-ouest.
- **Difficulté technique** : Peu Difficile; se méfier de la qualité de la neige.
- **Engagement** : engagé.
- **Danger** : barre à proximité.
- **Cheminement** : assez simple.
- **Période propice** : tout l'hiver.
- **Monoski et surf** : bien; un peu plat sur la fin.

ITINÉRAIRE : à partir du télésiège de la Cascade, rejoindre le bas du téléski des 3300. En dessous de ce remonte-pente, et dans l'axe, on trouve une large combe qui s'incurve ensuite légèrement vers la gauche (photo 15). Elle traverse la haute barrière rocheuse qui se trouve à cet endroit, et mène vers la cuvette de la Reculaz. On peut alors traverser cette cuvette pour rejoindre la fin du Pays Désert, mais on préférera, si la neige le permet, continuer sur la rive droite puis suivre le fond de la petite vallée qui conduit au téléski.

Variante: on peut aussi partir du haut des téléskis du Montet ou des 3300. Descendre sur le plan situé au sud des 3300, pratiquement comme pour prendre la première combe du Pays Désert. On aperçoit sur la droite de cette combe un passage moins pentu qu'il faut prendre pour revenir ensuite à droite, vers le nord-ouest, sous les rochers. Sur la gauche en descendant se trouve un à-pic extrêmement dangereux. Il faut le dépasser pour pouvoir rejoindre la combe des 3300.

LA COMBE DES 3300

This nice run is an alternative to Pays Désert. However the snow is not always good due to the south- facing slope.

- **Approach** : *Cascade chair lift, or Montet and 3300 button lifts.*
- **Vertical drop** : *400 m or 600 m depending on lift taken.*
- **Aspect** : *south west.*
- **Technical difficulty** : *not difficult. Pay attention to the snow quality.*
- **Engagement** : *serious.*
- **Danger** : *cliff close by.*
- **Route-finding** : *quite easy.*
- **Suitable period** : *all winter.*
- **Monoski and surf** : *good; a bit flat towards the end.*

ITINERARY : *from the top of the Cascade chair lift go to the bottom of the 3300 button lift. Directly below this lift there is a big depression which veers slightly to the left (photo 16). It goes across a high cliff towards the cuvette de la Reculaz.*
You can either go across this dip to the end of the Pays Désert or, if the snow conditions are good enough, it is better to carry along the right hand bank before skiing down the bottom of a small valley to the button lift.

Variant: *you can also start from the top of the Montet button lift or the 3300 lift. Go down to the area south of the Pays Désert. To the right of this depression the slope is not so steep. Go here and then right to the north- west, below the rocks. Below to the left there is an extremely dangerous drop- off. You must go past this to reach the 3300 valley.*

Photo 15 : Pissaillas
1. Le Grand Pissaillas
2. Les Cascades
3. La combe des ''3300''

LE PAYS DESERT

Promenade familiale désormais classique, cette descente, au printemps, pourrait presque être considérée comme une piste. On n'oubliera pas cependant l'absence de balisage des obstacles, et la difficulté que l'on peut éprouver pour s'orienter, en cas de brouillard soudain, dans ce paysage lunaire dépourvu de relief. Se méfier partiulièrement des ondulations apparemment inoffensives qui sont en fait des congères masquant certains rochers. Elles peuvent se terminer par une corniche de deux ou trois mètres de haut... A éviter par neige profonde en raison de la pente parfois très insuffisante.

- **Accès** : téléski des Montets, ou téléski des 3300.
- **Dénivellation** : 600 m.
- **Exposition** : ouest.
- **Difficulté technique** : Facile.
- **Engagement** : engagé.
- **Cheminement** : varié. Barre à éviter au départ.
- **Période propice** : printemps.
- **Monoski et surf** : traversée et long faux plat.

ITINERAIRE : (photo 16) à partir des pioches du Montet, ou mieux des 3300, prendre en traversée vers le sud. Dès que l'on a parcouru deux cents mètres après ce dernier remonte-pente, on aperçoit sur la droite, au-delà du plan, une large combe.

Variante de la Reculaz: la combe s'oriente peu à peu au sud, et mène vers quelques protubérances souvent surmontées de blocs rocheux. Ce sont en fait de petits sommets dont ceux situés le plus à droite surmontent une barre infranchissable. Il faut donc les contourner légèrement sur la gauche pour trouver plusieurs passages praticables par les bons skieurs. C'est le choix techniquement plus difficile. Des coulées sont possibles sur ce versant. Ces pentes mènent toutes vers une large cuvette au fond de laquelle coule le ruisseau de la Reculaz. On rejoint alors la descente classique.

Variante classique: poursuivre en traversée au-delà de la combe mentionnée ci-dessus. Il faut parcourir environ quatre cents mètres de cette façon pour dépasser les quelques monticules situés en contrebas, entre lesquels existent des passages faciles. Juste en dessous du Col de l'Ouille Noire, se laisser descendre à quarante-cinq degrés vers la droite pour rejoindre une belle pente exposée à l'ouest. Les rares dangers y sont en général bien visibles. On aperçoit alors sur la droite la cuvette de la Reculaz qu'il faut traverser sur l'élan, afin de remonter légèrement de l'autre côté. Une traversée de trois cents mètres environ mène à une large pente. Celle-ci conduit au téléski du Pays Désert qui permet de rejoindre le télésiège de la Cascade.

Variante de l'Ouille Noire: poursuivre la traversée sur encore cinq cents mètres. On peut préférer abréger cet exercice sans intérêt pour grimper en diagonale après le col, à mi-hauteur, ce qui permet de descendre ensuite agréablement le bas de la face nord-ouest de l'Ouille Noire. Il faut toutefois monter suffisamment haut pour éviter une petite barre rocheuse située à mi-parcours. La traversée mène jusqu'à l'extrémité de l'arête qui prolonge l'Ouille Noire à l'ouest. Il faut le dépasser en franchissant une petite corniche. Par mauvais enneigement, le saut peut atteindre 1 m 50, ce qui n'est pas méchant mais peut rebuter les skieurs moyens. On se trouve alors au-dessus d'une petite cuvette que l'on peut soit contourner, soit traverser. La traversée du Pays Désert pour rejoindre le téléski est contrariée par la faible pente. Il n'y a guère qu'à la fin du printemps que la neige transformée rend cette promenade intéressante. La marche, ou dans le meilleur des cas la glissade, en direction du nord-ouest conduisent à une pente très large, agréable, au-delà de laquelle apparaît le téléski du Pays Désert.

LE PAYS DESERT

A classic family outing, this run could almost be considered a piste in spring. However there are no piste markers indicating the obstacles and one shouldn't forget how difficult it is to find one's way in fog in such a lunar landscape. Be particularly wary of apparently inoffensive rises which are in fact snow drifts hiding rocks. They can end in two to three meters cornices... To be avoided in deep snow due to the often insufficient slope.

- **Approach**   : *Montets or 3300 lift.*
- **Vertical drop**   : *600 m.*
- **Aspect**   : *west.*
- **Technical difficulty** : *easy.*
- **Engagement**   : *serious.*
- **Route-finding**   : *various. Cliff to avoid at the start.*
- **Suitable period**   : *spring.*
- **Monoski and surf**   : *travers and long level.*

ITINERARY : *(photo 16) from the pioches du Montet, or better from the 3300, travers south. 200 meters past the last ski lift you can see a big depression the other side of the open space.*

La Reculaz variant: *the depression turns gradually southwards and leads towards some bulges, often with boulders on them. These are in fact little rock summits, and those furthest to the right rise above an impassable cliff. You therefore have to ski around them, slightly to the left, to find a few passages possible for excellent skiers. This is technically the most difficult choice. Slides are possible on this slope. All these slopes lead to a big dip at the bottom of which is the Reculaz stream. From here you join the classic route.*

Claaic variant: *travers past the depression mentioned above. Keep going for about 400 meters to get the little mounds below. Several easy passages exist between these. Just below the Col de l'Ouille Noire go down a 45° slope to the right to reach a beautiful west-facing slope. The rare dangers are usually easily visible. You must keep going fast across the Reculaz bowl to the right in order to have*

Photo 16 : Pissaillas
Le Pays Désert

enough momentum to go up the slope on the other side. Travers for about 300 meters to a large slope which takes you to the Pays Désert button lift. From here you can get to the Cascade chair lift.

L'Ouille Noire variant: travers for another 500 meters. To shorten this rather uninteresting exercise you can climb up diagonally after the col. From half way up you can ski down to the bottom of the north face of the Ouille Noire. You must walk up high enough to avoid a small cliff half way up. The travers leads to the end of the ridge which extends the Ouille Noire westwards. To get over this you must get past a little cornice. If there is not much snow this can mean a jump of 1 1/2 meter. This is not difficult but could put off less experienced skiers. The jump takes you above a little bowl which you can either go around or travers. The travers across the Pays Désert to the button lift is not very good due to the shallowness of the slope. This run is only really worth while doing in transformed spring snow. The walk, or if you are lucky slide, north- westwards leads to a very nice wide slope which takes you to the Pays Désert button lift.

LE COL PERS

Boulevard ou ski hors-piste? La question peut se poser pour ce parcours fréquenté par les skieurs de tous niveaux sans toujours tenir compte des dangers de la haute montagne. L'apparente facilité de cette descente ne doit pas en effet faire oublier les risques encourus: froid, vent, brouillard soudain, et surtout absence de balisage des dangers. En particulier il faut s'assurer que l'enneigement est suffisant pour pouvoir franchir les gorges de Malpasset. Sinon on ne passe pas... Cette indication est portée sur un panneau situé en haut du télésiège de la Cascade. La solution qui consisterait à emprunter le chemin d'été sur la rive droite de l'Isère est à proscrire absolument: très étroit et couvert de glace, il surplombe les gorges de 10 à 20 mètres par endroit et doit être considéré comme extrêmement dangereux en hiver. Les années de faible enneigement, les imprudents qu'il faut secourir par hélicoptère ne se comptent plus.

- **Accès**　　　　　　　　: Télésiège de la Cascade.
- **Dénivellation**　　　　: 1200 m.
- **Exposition**　　　　　 : nord.
- **Difficulté technique**　: Peu Difficile.
- **Engagement**　　　　　: engagée.
- **Danger**　　　　　　　: ne pas tomber dans l'Isère!
- **Cheminement**　　　　 : évident et varié.
- **Période propice**　　　: tout l'hiver selon enneigement.
- **Monoski et surf**　　　 : longue traversée pour commencer; très désagréable dans les gorges; plat interminable pour finir. Faites comme vous voulez...

ITINERAIRE : le Col Pers se situe au nord du glacier du Pissaillas, entre le Rocher de Pers et la Pointe du même nom. Pour l'atteindre, il n'est pas absolument nécessaire d'emprunter les pioches du Montet bien que cette solution soit plus confortable. Au sommet du télésiège de la Cascade, prendre à gauche en traversée, face au nord, en perdant le moins d'altitude possible. On rejoint ainsi une combe située au bas de la barrière rocheuse, combe qu'il faut franchir pour continuer la traversée sur l'autre versant, face à l'ouest cette fois. Deux cents mètres plus loin, on atteint le col, parfois au prix d'une courte marche. De l'autre côté s'étend un superbe champ de neige, une grande combe généralement striée en tous sens: faire sa trace est un luxe qui demande de se lever tôt...

Toutes les options sont possibles sur ce large plan. La neige y est le plus souvent bonne. On atteint ensuite un assez long replat à partir duquel un nombre infini de solutions sont envisageables pour rejoindre les gorges de Malpasset. Les repères manquent pour les décrire précisément, mais, à part quelques rochers et une ou deux combes un peu pentues, les dangers sont inexistants ou alors bien visibles par beau temps.

Les bons skieurs trouveront sur le versant gauche du vallon principal quelques belles pentes dans les petites combes que l'on découvre ci ou là. Les skieurs moyens auront généralement intérêt à rester sur le versant droit, la pente s'incurvant un peu vers la fin, en vue du refuge du Prariond. On peut facilement atteindre ce refuge situé de l'autre côté de l'Isère. Un restaurant y est normalement ouvert à partir de la mi-avril (!) mais revenir ensuite vers les gorges demande une assez longue marche skis aux pieds. Pour rejoindre directement Val d'Isère, il faut au contraire prendre progressivement vers la gauche pour rejoindre l'entrée des gorges de l'Isère qu'il est impossible de manquer... Même par bon enneigement ces gorges peuvent poser certains problèmes, les ponts de neige n'étant pas toujours très solides, les marmites fréquentes et le paysage très distrayant. Le plongeon glacé est pourtant fortement déconseillé. On rejoint en général sain et sauf le Pont Saint-Charles, puis la route de l'Iseran sur laquelle un vigoureux pas de patineur permet de parvenir jusqu'au téléphérique du Fornet. Compter une heure à une heure et demi pour faire un nouveau tour, remontées mécaniques comprises, deux heures pour un skieur très moyen.

Variante du Léchoir: (photo 17) depuis le col, prendre au contraire complètement sur la droite, vers l'est. Trois cents mètres de traversée permettent d'atteindre un petit col entre la Pointe Pers et le Rocher du Léchoir. Après l'avoir franchi, on se trouve en bas de la très belle descente de la face nord de la Pointe Pers. Il faut alors prendre sur la gauche le long du Rocher, ou au contraire traverser le faux plat pour rejoindre l'autre versant. La très faible pente peut rendre difficile la progression en neige fraîche, et on préférera attendre la neige transformée du printemps pour choisir ce passage. La poursuite vers l'Isère ne pose pas d'autre problème, la pente s'accentuant face au refuge du Prariond. On peut alors rejoindre les gorges de Malpasset par une longue traversée vers la gauche.

LE COL PERS

Piste or off- piste skiing? This run is skied so much by skiers of all levels who are unaware of the dangers in the mountains. The appartly easy slope should not let one forget the risks envolved: cold, wind, sudden fog, and most of all the absence of markers showing the dangers. You should check that there is enough snow to get over the Malpasset gorges. Otherwise you're stuck... This is market on a board at the top of the Cascade chair lift. If not, a summer path on the right bank of the Isère river is definitely prohibited: very narrow and covered in ice it drops off in places 10 to 20 meters into the gorges below. It is extremely dangerous in winter. The years of small snow cover the number of skiers that have had to be rescued by helicopter is innumerable.

- **Approach**   : *Cascade chair lift.*
- **Vertical drop**   : *1200 m.*
- **Aspect**   : *north.*
- **Technical difficulty** : *not difficult.*
- **Engagement**   : *serious.*
- **Danger**   : *don't fall into the Isère!*
- **Route-finding**   : *obvious and varied.*
- **Suitable period**   : *all winter depending on snow cover.*
- **Monoski and surf**   : *long travers at start; not much fun in the gorges; endless flat run out. Do as you like...*

ITINERARY : the col Pers is situated north of the Pissaillas glacier between the Rocher de Pers and the Pointe de Pers. To get here you don't necessarily have to go along the pioches du Montet, although this the more comfortable solution. From the top of the Cascade chair lift travers left facing north, keeping as high as possible. You must cross over the bowl at the bottom of a cliff and continue traversing on the opposite side, facing west this time. Two hundred meters further on you get to a col which you sometimes have to walk a bit to. On the other side is a huge, often very skied out snow field: you must get up early to have the luxury of making your own tracks.

All options are open on this huge expanse. The snow is almost always very good. There is a long level slope from which there are many ways to get to the Malpasset gorges. The baring points are difficult to identify but the dangers are inexistant or easily visible in good weather (rocks and one or two steep depressions).

There are some beautiful slopes in the little depressions on the west bank of the main valley. Less experienced skiers should stay on the right hand bank where the slope turns a bit at the end towards the Prarions hut. It is easy to get to this hut on the other side of the Isère. A restaurant is usually open from mid-april (!) but this means a long walk back towards the gorges afterwards. To go straight to Val d'Isère you should go gradually left to the entrance of the Isère gorges. This is impossible to miss... Even with lots of snow these gorges can cause problems because the snow bridges are not always very solid, the holes numerous and the outstanding view. An icy dive is not a good idea. Once at the Saint-Charles bridge you have to skate along the Iseran road to the Fornet cable car. It takes between one to one and a half hour to do the whole tour (lifts included) or two hours for less experienced skiers.

Léchoir variant: *(photo 17) go right, to the east from the col. After a 300 meters traverse you come to a small col between the Pointe Pers and the Rocher du Léchoir. Once over this col you are at the bottom of the beautiful descent of the north face of the Pointe Pers. Either go left along the Rocher or travers the level area to the other side. This route is preferable in transformed spring snow because in deep snow the lack of slope makes the going difficult. There are no problems from here to the Isère as the slope steepens opposite the Prariond. To get to the Malpasset gorges there is a long travers to the left.*

LES VALLONNETS PAR LE COL PERS

Cette très belle variante du Col Pers permet en fait de rejoindre le pont Saint-Charles sans passer par les gorges, mais n'apporte pas grand chose aux Vallonnets classiques, sinon trente minutes de remontées mécaniques supplémentaires.

- **Accès**   : Télésiège de la Cascade.
- **Dénivellation**   : 1200 m.
- **Exposition**   : nord.
- **Difficulté technique**   : Assez Difficile. Pentes à 35° dans le bas.
- **Engagement**   : engagée.
- **Dangers**   : plaques et coulées; barrière rocheuse dans la variante du Grand Torsaï.
- **Cheminement**   : peu complexe.
- **Période propice**   : tout l'hiver selon enneigement.
- **Monoski et surf**   : pour les bons.

ITINERAIRE : depuis le col Pers, prendre complètement à gauche en traversée. Se méfier des coulées, fréquentes au printemps l'après-midi. Après huit cents mètres environ, on parvient à un second col que l'on franchit vers l'ouest sans aucune difficulté. Passé le col, on peut continuer sur trois cents mètres la traversée vers la gauche pour rejoindre la combe encaissée du ruisseau du Vallonnet.

On préférera généralement continuer vers le nord sur l'épaule, en serpentant entre les rochers pour atteindre après trois cents mètres une longue pente que l'on aperçoit sur la gauche, en direction du nord-ouest. Cette pente est assez torturée sur la fin, mais il suffit de rester dans les creux pour passer sans encombre les petites barres rocheuses. On aboutit ainsi à la vallée du Vallonnet, à l'endroit où elle fait un double virage gauche-droite avant de descendre vers le pont Saint-Charles. On ne distingue pas celui-ci, mais on voit très vite le bas des gorges de Malpasset. La descente est possible d'un côté comme de l'autre de la combe, et des pentes adjacentes. On se méfiera toutefois des plaques ou des coulées, car ce passage est très exposé au vent, et la pente atteint par endroits 35°.

Variante du Grand Torsaï: cette variante, à n'entreprendre que par très bonne visibilité, permet également de rejoindre le pont Saint-Charles sans passer par les gorges de Malpasset. Depuis le Col Pers, descendre dans l'axe au fond de la combe principale. Il faut absolument éviter de se laisser entraîner vers la droite, mais au contraire rester plus ou moins sur les croupes de gauche. Celles-ci dominent sur leur droite l'itinéraire qui descend vers les gorges, et sur leur gauche l'itinéraire classique du Vallonnet. Par une série de petites combes, on parvient à l'aplomb des gorges. Là, on voit une grosse bosse qui les domine. Il faut la laisser sur la droite pour éviter le dangereux à-pic qui surplombe les gorges, et atteindre ainsi un petit plateau, appelé ''les Dailles'', qui s'en va vers la gauche. Celui-ci conduit en direction du pont Saint-Charles vers une dernière combe, toujours sur la gauche. On parvient ainsi au bas des gorges de Malpasset.

LES VALLONNETS PAR LE COL PERS

This beautiful variant of the Col Pers takes you to the Saint-Charles bridge without going through the gorges. It is not much more interesting than the classic Vallonnets and has a thirty minutes longer lift ride.

- **Approach** : *Cascade chair lift.*
- **Vertical drop** : *1200 m.*
- **Aspect** : *north.*
- **Technical difficulty** : *quite difficult. 35° slope at bottom.*
- **Engagement** : *serious.*
- **Dangers** : *slabs and slides; cliff in the Grand Torsaï variant.*
- **Route-finding** : *not complicated.*
- **Suitable period** : *all winter depending on snow cover.*
- **Monoski and surf** : *for experts.*

ITINERARY : *travers completely left from the Col Pers. In spring afternoon watch out for slides. After about 800 meters you get to a second col wich you can easily ski over to the west.*
Continue traversing left for three hundred meters to the deeply embanked bowl of the ruisseau du Vallonnet.

It is usually better to continue north to the shoulder, slalom for 300 meters between the rocks to a long slope to the left (north- west facing). This slope is tricky towards the end, but if you stay in the hollow you can avoid the rock walls. You come out in the Vallonnet valley where there is a left- right zig- zag before going down towards the Saint-Charles bridge. You cannot see this, but can soon see the Malpasset gorges. You can ski down either side of the depression. Always watch out for slabs or slides on this wind blown slope of up to 35°.

Grand Torsaï variant: This variant should only be done in very good visibility. It also goes down to the Saint-Charles bridge without going along the Malpasset gorges. From the Col Pers, ski along the line of the bottom of the main depression. You should avoid drifting right at all costs and stay on the brow to the left. These overlook the itinerary which goes down towards the gorges to the right and the classic itinerary of the Vallonnet to the left. You get above the gorges through a series of little depressions where you can see a huge bumb which overlooks them. Leave this to your right to avoid a dangerous cliff which falls off into the gorges, and ski to a little plateau, calles «Les Dailles», which goes off to the left. This leads in the direction of the Saint-Charles bridge without going along the Malpasset gorges.

LA FACE NORD DE LA POINTE PERS

- **Accès**   : téléski du Montet.
- **Dénivellation**   : 1350 m.
- **Exposition**   : nord.
- **Difficulté technique** : Très Difficile.
- **Engagement**   : engagé.
- **Dangers**   : dévissage; corniche pouvant s'effondrer; avalanches.
- **Cheminement**   : peu complexe. Marche d'approche 20 mn.
- **Période propice**   : printemps. Surveiller l'enneigement.
- **Monoski et surf**   : virtuoses de l'extrême seulement.

ITINERAIRE : cette très belle pente n'est pas accessible directement depuis les remontées. Il faut, pour la rejoindre, aller jusqu'au sommet des pioches du Montet, puis monter à skis ou à pied jusqu'à la crête située entre l'Aiguille Pers et la Pointe Pers, que l'on voit à gauche de l'arrivée du téléski. Cette marche se fait en traversée et ne nécessite généralement pas les peaux de phoque.

Une fois sur la crête, la difficulté consiste à trouver un passage pour rejoindre la face nord. En effet, à l'endroit où la crête est la plus basse et forme comme un petit col, entre l'Aiguille Pers et la Pointe Pers, la corniche domine une pente rocheuse abrupte et non recouverte. Il faut poursuivre sur la crête, 100 à 200 m au-delà de la Pointe Pers, pour trouver un ou deux passages vers le glacier. On franchira à cet endroit la corniche avec précaution, car elle peut s'effondrer, et la tenue de la neige sur le fond rocheux est aléatoire.

La pente est très forte (photo 17), et atteint 45° au départ avant de s'adoucir progressivement. La récompense est par contre à la mesure de l'effort accompli, car la neige est presque toujours excellente et la descente semble se prolonger indéfiniment vers le fond de la vallée, derrière le Rocher du Léchoir. Un long faux plat, souvent chauffé par le soleil, mène vers les pentes du revers du Prariond que l'on franchit sans difficulté par diverses combes. En face, on aperçoit le refuge du Prariond que l'on peut rejoindre. On peut aussi préférer prendre la partie gauche du faux plat, le long du Rocher du Léchoir, et descendre jusqu'à l'Isère avant de prendre en traversée vers la gauche en direction des gorges de Malpasset.

Photo 17 : Pissaillas
1. Col Pers : le Léchoir — 2. Face Nord de la Pointe Pers

THE NORTH FACE OF THE POINTE PERS

- **Approach**   : *Montet button lift.*
- **Vertical drop**   : *1350 m.*
- **Aspect**   : *north.*
- **Technical difficulty** : *very difficult.*
- **Engagement**   : *serious.*
- **Dangers**   : *sliding; cornice can collapse; avalanches.*
- **Route-finding**   : *not complicated. Approach walk 20 mins.*
- **Suitable period**   : *spring. Watch out for snow conditions.*
- **Monoski and surf**   : *only the virtuoses of the extreme.*

ITINERARY : *this beautiful run is not accessible from the lifts. To get here you must go to the summit of the pioches du Montet a walk up to the crest between the Aiguille Pers and the Pointe Pers which you can see to the left of the top of the button lift. This walk is by traverses and seal skins are not needed.*

From the crest the difficulty is to find the passage to the north face. At the lowest point along the crest there is a sort of col, between the Aiguille Pers and the Pointe Pers. Here a cornice overhang a steep, rocky slope. Follow the crest for 100 to 200 meters after the Pointe Pers where you will find a couple of passages to the glacier. Be careful when skiing over the cornice as it may collapse and the snow cover is often very small on the rocks below.

The slope is very steep to begin with (45°) (photo 17) but get more gentle further down. The snow is always excellent and the slope seems to go on endlessly to the bottom of the valley, behind the Rocher du Léchoir. A long level slope, often heated by the sun, takes you to the revers du Prariond slopes. You can get past these along various easy depressions. Opposite you can see the Prariond hut which you can ski to. Otherwise it is possible to go along the left side of the level slope, along the Rocher du Léchoir and ski down to the Isère before traversing left towards the Malpasset gorges.

LE COL DU MONTET

Magnifique promenade en haute montagne, facile techniquement. Nous sortons là quelques peu du ski hors-pistes proprement dit pour aborder la randonnée. Il faut en effet près d'une heure de marche pour atteindre le col, et les équipements de montagne (peaux et cordes) peuvent s'avérer fort utiles. La facilité technique du parcours ne doit pas faire oublier les dangers de l'altitude et des glaciers.

- **Accès**   : téléskis du Montet ou des 3300.
- **Dénivellation**   : 1200 m.
- **Exposition**   : nord et nord-ouest.
- **Difficulté technique**   : Facile.
- **Engagement**   : engagée.
- **Dangers**   : crevasses.
- **Cheminement**   : marche d'approche: 1 heure. Peaux de phoque et cordes souvent utiles.
- **Période propice**   : printemps.
- **Monoski et surf**   : si la montée à pied est possible.

ITINERAIRE : au sommet des téléskis du Pissaillas, monter sur la droite jusqu'au petit col encombré de rochers que l'on aperçoit à la droite de la Pointe du Montet. Le franchissement n'en est pas toujours aisé en cas de faible enneigement. Dans ce cas, on aura intérêt à poursuivre vers la droite en traversée, pour atteindre cent mètres plus loin un second col plus accueillant.

Dès la crête franchie, prendre en traversée sur la gauche, face au nord, le long du glacier du Montet qui surplombe un large cirque qu'il faut contourner. Se méfier des coulées qui peuvent descendre de la face est de la pointe du Montet. Si la neige le permet, il est possible de descendre tout droit sur 200 m sans trop avoir à craindre de remonter, car le fond de la cuvette est plat. Le but à atteindre est le Col du Montet qui se trouve au nord du cirque, entre la Pointe du Gros Caval et la Petite Aiguille Rousse. Au pied du Col, les trois cents derniers mètres se font en montée, à ski d'abord puis à pied, dans une pente assez raide où la neige ne tient pas toujours très bien. La corde est souvent utile, parfois indispensable pour les dix derniers mètres.

Une fois le col atteint, la vue récompense largement de l'effort fourni. Le repos y est souvent nécessaire avant d'attaquer la descente.

Celle-ci ne présente pas de difficultés particulières. Il faut par contre se méfier des crevasses fréquentes et pas toujours très visibles. Deux options sont possibles. La plus classique consiste à descendre tout de suite dans le vallon situé légèrement à gauche après le col. On restera de préférence sur la gauche pour éviter les principales crevasses. La combe très large au début se rétrécit peu à peu avant de serpenter entre quelques barres rocheuses. On arrive ainsi en face du refuge du Prariond, et il est facile de rejoindre en traversée sur la gauche les gorges de Malpasset.

Variante des sources de l'Isère: après le col, prendre en traversée vers la droite sur trois cents mètres pour rejoindre une pente très large qui conduit vers un vallon parallèle au précédent. Celui-ci mène vers une vallée plus étroite, sur la droite de laquelle de nombreux passages existent. Elle s'élargit ensuite pour conduire au refuge du Prariond. On peut aussi rejoindre directement les gorges du Malpasset, situées deux kilomètres vers l'ouest, en prenant en traversée vers la gauche, sous la barre rocheuse, dès que la combe s'élargit.

LE COL DU MONTET

Magnificent, technically easy run in the high mountains. This is more of a ski tour than an off- piste run. There is an hour walk to the col and special mountain equipment can be very useful (skins and ropes). Despite the easiness of this run the dangers of altitude and of glaciers should not be forgotten.

- *__Approach__* : *Montet or 3300 lifts.*
- *__Vertical drop__* : *1200 meters.*
- *__Aspect__* : *north and north west.*
- *__Technical difficulty__* : *easy.*

- **Engagement**   : *serious.*
- **Dangers**   : *crevasses.*
- **Route-finding**   : *1 hour approach walk. Skins and ropes often useful.*
- **Suitable period** : *spring.*
- **Monoski and surf** : *if it is possible to climb up on foot.*

ITINERARY : *from the top of the Pissaillas lift climb up right to a small rock strewn col which you can see to the right of the Pointe du Montet. It is not always easy to get over this if there is little snow. If this is the case you are better off traversing to the right where there is another easier col about 100 meters on.*

Once over the crest travers left, facing north, along the Montet glacier, this overlooks a large corrie around which you must go. Watch out for slides from the east face of the Pointe du Montet. If there is enough snow you can go straight down for 200 meters without having to worry about climbing out of the flat bottom of this bowl. The aim is to get to the Col du Montet which is north of the corrie, between the Pointe du Gros Caval and the Petite Aiguille Rousse. You have to climb up the last three hundred meters at the foot of the Col. First climb on ski and then on foot up this steep slope where the snow is not always very stable. A rope is often useful here and sometimes obligatory for the last 10 meters.

Once at the col the view makes all the effort worth while. It is a good idea to rest a while before heading down.

The descent is not difficult, but you must watch out for the numerous crevasses which are not always easy to see. Two options are possible. The most classic one is wide at the top but gets narrower and narrower until it winds between rock walls. You come out opposite the Prariond hut from where it is easy to get to the travers along the left side of the Malpasset gorges.

Sources de l'Isère variant: *travers right after the col for three hundred meters to get to a big slope which leads to a little valley parallel to the first. This leads to a narrow valley to the right of which there are many routes. The valley gets wider before it gets to the Prariond hut. You can also go straight to the Malpasset gorges (2 km to the west) by traversing left under a cliff where the valley gets wider.*

LA SPATULE

Longue et variée, cette descente de la face nord de Bellevarde est le plus souvent un régal en raison de la qualité de la neige. Tout en restant un grand classique de la station ce hors-piste reste assez sauvage et peu fréquenté. C'est le coin des connaisseurs, sans doute à cause des dangers potentiels en cas d'erreur d'itinéraire.

- **Accès**   : Funival ou télécabine de Bellevarde.
- **Dénivellation**   : 900 m.
- **Exposition**   : nord.
- **Difficulté technique** : Assez Difficile. Difficile dans les variantes.
- **Engagement**   : engagé.
- **Dangers**   : barrière rocheuse vers les Coves.
- **Cheminement**   : complexe, choix multiples.
- **Période propice**   : tout l'hiver.
- **Monoski et surf**   : pour les bons.

ITINÉRAIRE : en sortant du Funival, prendre le début de la piste OK sur une centaine de mètres. On la quitte ensuite à droite, en traversée le long de la face sud du Rocher de Bellevarde. On s'efforcera de perdre le moins d'altitude possible durant ce passage au cours duquel on traverse souvent quelques coulées.

On atteint alors une énorme roche en forme de dent, qu'il faut dépasser par en dessous pour continuer la traversée le long de la face ouest. A l'extrémité de cette face, on surplombe un replat large et court en contrebas duquel on peut voir le hameau de la Daille.

1. La spatule vers le Funival (photo 18). Descendre vers le replat et le traverser. On peut aussi continuer la traversée un peu vers la droite pour atteindre un second replat bordé de rochers avant de reprendre à gauche dès le début dans la petite combe. La descente se poursuit ensuite sans difficulté particulière vers la piste orange. On peut aussi poursuivre hors-piste jusqu'à la Daille au milieu des arbres.

2. La super Spatule. Il faut se diriger vers le second replat décrit ci-dessus et le contourner vers la droite. On découvre alors sur la face nord de Bellevarde une très belle pente au bout de laquelle apparaît Val d'Isère. La neige est le plus souvent très bonne.

Photo 18 : la Daille — la Spatule (côté ouest)

Sur la gauche, on distingue un pylône EDF qui surplombe le départ du Funival. Il faut descendre vers ce pylône et passer à sa **gauche** pour reprendre ensuite, toujours sur la gauche, vers la Daille, entre les sapins et les rochers. Ce passage est particulièrement joli, mais il faut rester vigilant car les petits pièges sont nombreux dans cette pente très tourmentée.

3. La descente des Coves (photo 19). Il s'agit là de l'un des hors-pistes les plus dangereux de Val d'Isère en raison de la difficulté qu'il y a à trouver le bon passage et des risques que l'on encourt en cas d'erreur.

Il faut procéder comme pour la Super Spatule jusqu'à la vue du pylône EDF. Pour rejoindre les Coves, il ne faut pas descendre vers le pylône, mais au contraire poursuivre à partir du replat la traversée sur la face Nord de Bellevarde en direction du village de Val d'Isère.

Cent mètres environ à droite du pylône, entre deux bosquets de mélèzes, un entonnoir assez tentant mène vers un premier couloir. Attention, celui-ci est particulièrement dangereux: très pentu, il se rétrécit vite et se trouve barré en son milieu par une plaque rocheuse sur laquelle la neige ne peut tenir. Il faut donc l'éviter absolument. En continuant la descente au-delà du second bosquet, toujours vers Val d'Isère, on débouche au-dessus d'un nouveau couloir surmonté à sa droite d'un groupe de mélèzes. Ce couloir, plus large, est accessible.

Le mieux est encore de poursuivre la belle pente qui se présente un peu plus loin pour rejoindre la seule issue raisonnable vers la Centrale EDF que l'on voit en contrebas. Après une centaine de mètres de descente, on rencontre sur la gauche un mélèze dépassant largement ceux qui l'entourent. Il ne faut pas poursuivre plus loin, car on surplombe une très impressionnante barrière rocheuse. Il faut donc tourner complètement à gauche après l'arbre, pour rejoindre vers l'ouest le milieu du couloir précédent en skiant entre les arbres. Le bas du couloir est facile, et la descente peut être poursuivie ensuite sans danger vers la Centrale en se méfiant bien entendu des coulées.

Une fois la Centrale atteinte, il faut prendre la route vers la droite pour traverser l'Isère par un petit pont et rejoindre ainsi la route principale, juste à l'arrêt de la navette.

LA SPATULE

This is a long, varied run from the north face of the Bellevarde. The snow is almost always excellent. Despite being a classic in the resort, this off-piste run in fairly wild and rarely skied. It is a run for the experienced due no doubt to the potential danger of taking the wrong route.

- **Approach**   : *Funival or Bellevarde cable car.*
- **Vertical drop**   : *900 m.*
- **Aspect**   : *north.*
- **Technical difficulty** : *quite difficult. Difficult variants.*
- **Engagement**   : *serious.*
- **Dangers**   : *cliffs near les Coves.*
- **Route-finding**   : *complicated, many options.*
- **Suitable period**   : *all winter.*
- **Monoski and surf** : *for the experienced.*

ITINERARY : *from the top of the Funival go about 100 meters down the OK piste. Go off the piste to the right, traversing along the south face of the Rocher de Bellevarde. Keep as high as possible on this travers which crosses over several slides.*

You come to a huge tooth shaped rocked which you below and continue traversing along the west face. At the end this face you look down on to a wide but short flat area below which you can see the Daille hamlet.

1. La spatule vers le Funival *(photo 18). Go down to the flat area and cross over it. You can also continue traversing a bit to the right to a second flat area with either side of it. From here go left into a little depression. The descent is not difficult, particularly towards the orange piste. You can also carry on off- piste to La Daille in the trees.*

2. La super Spatule. *Go towards to the second flat area mentioned above and go around it to the right. You come to a great slope on the north face of Bellevarde from the end of which you can see Val D'Isère. The snow is usually excellent. On the left there is an electricity* pylon which overlooks the start of the Funival. Go down to this and past it to the left. From here go left towards La Daille, skiing between the trees and rocks. This is a beautiful run but you should stay vigilant.

3. La descente des Coves (photo 19). This is one of the most dangerous off- piste runs in Val d'Isère due to the difficulty in finding the right passage and the risks involved if you take the wrong one.

Go as if for the Super Spatule until you can see the electricity pylon. To get to Les Coves don't go down towards the pylon, but continue traversing from the flat area along the north face of Bellevarde towards the village of Val d'Isère.

About 100 meters to the right of the pylon, between two larch groves there is a tempting funnel which leads to a first corridor. Watch out, this is particularly dangerous: it is very steep and quickly narrows before it is barred in the middle by a rock slab where the snow never settles. This is to be avoided at all costs. Instead continue down past the second grove towards Val d'Isère. You come out above another corridor with larch trees above it. This one is skiable.

The best way is to get down the beautiful slope a bit further on. This takes you to the only reasonable way out towards the electricity power station which you can see below. After descending about 100 meters you come across a larch tree which is much higher than all those around it. Dont go any further because there is a huge cliff below. Go completely left after the tree, westwards to the middle of the former corridor, skiing through the trees. The bottom of the corridor is easy and you can ski down to the power station with no problem, watching out for slides nonetheless.

Once you are at the power station you go right along the road and cross over the Isère on a little bridge to reach the main road at the bus stop.

Photo 19: la Daille — La Spatule, côté est (la descente des Coves)

LA VALLEE PERDUE

Etonnante promenade, sans trop de difficultés, cette descente est accessible à tous les skieurs. Elle n'en reste pas moins l'une des plus belles de la station. Le paysage est digne de Disneyland (on aime ou on n'aime pas...). Rien n'y manque, même pas le gazouillis des oiseaux au printemps. La seule restriction concerne le nombre de skieurs qui empruntent cette voie: l'enneigement ne résiste pas toujours, et le plaisir est alors gâché par la nécessité de trouver son chemin entre cailloux et troncs d'arbres dans ce passage étroit.

- **Accès**   : Télécabine de la Daille.
- **Dénivellation**   : 500 m.
- **Exposition**   : est.
- **Difficulté technique** : Peu Difficile, sauf dans quelques courts passages.
- **Engagement**   : peu engagé.
- **Cheminement**   : évident.
- **Période propice**   : tout l'hiver.
- **Monoski et surf**   : l'indépendance des jambes est hélas nécessaire.

ITINERAIRE : la Vallée Perdue est accessible depuis «l'intermédiaire» de la Daille. Passer au-dessus de l'arrivée du télécabine, et continuer face à l'ouest pour descendre vers l'altiport peu fréquenté de Val d'Isère. Très rapidement on discerne sur la droite une petite vallée encaissée qui se dirige vers la Daille. Ce petit canyon est accessible, mais on peut tomber sur quelques passages délicats: trou de souris sous un rocher dans lequel il faut se glisser, ou descentes scabreuses en escalier sur quelques mètres. On parvient ainsi jusqu'aux constructions de la Daille.

LA VALLEE PERDUE

This astonishing off- piste run is not difficult and can be done by all skiers. It is nevertheless one of the most beautiful in the resort. The countryside is worthy of Disneyland (like it or not...). Nothing is missing, not even the birds chirping in springtime. The only restriction is the number of skiers taking this route. The snow cover is not always thick enough and the pleasure can be ruined by having to find one's path between uncovered rocks and branches along the narrow paths.

- **Approach**   : *La Daille cable car.*
- **Vertical drop**   : *500 m.*
- **Aspect**   : *east.*
- **Technical difficulty** : *not difficult, except for a few short sections.*
- **Engagement**   : *not serious.*
- **Route-finding**   : *obvious.*
- **Suitable period**   : *all winter.*
- **Monoski and surf**   : *you definitely need two legs here unfortunately.*

ITINERARY : la vallée Perdue (the lost valley) can be got to from the mid- way station («l'intermédiaire») of the Daille. Go beneath the arrival station of the cable car and ski along the west- facing slope down to the little used Val d'Isère altiport. To the right you can soon make out a small, enclosed valley which leads off to the Daille. You can go down this little canyon, but watch out for one or two tricky passages: holes below rocks into which you have to slide or large steps over several meters. This rugged path takes you to the Daille's buildings.

LA FAMILIALE SUD

Cette descente est un moyen agréable pour accéder à Val d'Isère en venant de Tignes. La qualité de la neige est toutefois aléatoire sur cette pente très ensoleillée. On préférera donc la pratiquer juste après les chutes de neige en se méfiant des coulées toujours possibles dans le haut.

- **Accès**   : toutes remontées de Tovière.
- **Dénivellation**   : 450 m.
- **Exposition**   : est.
- **Difficulté technique** : qualité de la neige.
- **Engagement**   : peu engagé.
- **Dangers**   : coulées.
- **Cheminement**   : traversée. Evident ensuite.
- **Période propice**   : tout l'hiver.
- **Monoski et surf**   : bien, sauf la traversée.

ITINERAIRE : du haut de la Tovière, se diriger au nord-est, en suivant le début de la piste qui mène au Col de Tovière, au sommet du téléski de Combe Folle. Après avoir viré à droite, comme pour descendre vers Val d'Isère, on peut, après quelques mètres, prendre sur la gauche, en traversée vers le nord-est. Cette pente exposée au sud est sujette à quelques coulées, et on s'en méfiera. Après avoir progressé de cent cinquante à deux cents mètres, commencer la descente en direction du télésiège des Tommeuses.
Dès que l'on a dépassé la barre rocheuse qui marque l'extrémité est de la Pointe du Lavachet, il devient possible d'obliquer par la gauche pour rejoindre les pentes mieux exposées des Tufs de la Tovière qui surplombent l'altiport. On peut aussi poursuivre la descente dans les petits vallons qui mènent vers la vallée de la Tovière.

Prendre la rive gauche de cette vallée, sous la barre du Roc de la Tovière. Après le passage des fermes en ruine, surmontées d'une croix, la pente devient plus forte. On peut à cet endroit rejoindre le fond des gorges et le bas de la Vallée Perdue. En restant sur la gauche, on pénètre dans la forêt pour descendre vers la Daille que l'on atteint derrière les immeubles.

LA FAMILIALE SUD

This is a very pleasant way to get to Val d'Isère from Tignes. The snow is not always very good on this very sunny slope. It is therefore best to go after a snow fall, being vary of slides in the higher section.

- **Approach**   : *all the Tovière lifts.*
- **Vertical drop**   : *450 m.*
- **Aspect**   : *east.*
- **Technical difficulty** : *depends on snow quality.*
- **Engagement**   : *not serious.*
- **Dangers**   : *slides.*
- **Route-finding**   : *travers; obvious afterwards.*
- **Suitable period**   : *all winter.*
- **Monoski and surf**   : *good, except for the travers.*

ITINERARY : *from the top of the Tovière go north- east, following the top of the piste which goes to the Col de Tovière, at the top of the Combe Folle button lift. Having veered right, as if to go down to Val d'Isère, travers north eastwards a bit further on to the left. This south facing slope often has slides which you should watch out for. Having traversed for one to two hundred meters you can then start to descend towards the Tommeuses lift.*
Once past the cliff which marks the extreme east of the Pointe du Lavachet, you can then go diagonally left to the better slopes of Tufs de la Tovière which overlooks the altiport. You can also continue down the little valleys which lead to the Tovière valley.

Go down the right- hand bank of this valley, below the Roc de la Tovière cliff. Once past the ruined farm houses with a cross above them, the slope gets steeper. From here you can get to the bottom of the gorges and the end of the Vallée Perdue. If you stay left you go into the forest to then go down to the Daille. You arrive behind the buildings.

TIGNES

Photo: *Philippe ROYER*

L'ARRIERE DES CAMPANULES

Cette pente un peu courte mais facile d'accès est un moyen agréable de rejoindre Tignes depuis Val d'Isère. L'exposition au sud-ouest implique toutefois une grande prudence, les coulées étant fréquentes au printemps, l'après-midi. On préférera faire cette descente le matin, après une chute de neige fraîche en hiver, ou sur la neige transformée au printemps.

- **Accès** : toutes remontées de Tovière.
- **Dénivellation** : 600 m, dont 400 m hors-pistes.
- **Exposition** : sud-ouest.
- **Difficulté technique** : Peu Difficile.
- **Engagement** : assez engagé.
- **Dangers** : coulées.
- **Cheminement** : évident.
- **Période propice** : tout l'hiver.
- **Monoski** : très bien.
- **Surf** : très bien.

ITINERAIRE : depuis le sommet de Tovière, prendre le début des pistes face au sud sur une cinquantaine de mètres, jusqu'au virage vers la droite que prennent les pistes qui mènent vers Tignes. Au lieu de prendre ce virage, on franchit le petit col avant de poursuivre tout droit en traversée. On atteint ainsi un large plan sur lequel on peut descendre à volonté. Il n'y a aucune difficulté particulière, en dehors de la qualité de la neige, pas toujours assurée sur ce versant. On rejoint un peu plus bas la piste du Génépy qui mène vers val Claret.

L'ARRIERE DES CAMPANULES

This easily accessible, but short slope is a pleasant way to get to Tignes from Val d'Isère. The slope is south-west facing which means you should watch out for frequent slides in spring afternoons. It is better to ski this run in the morning in fresh snow in winter and in transformed snow in spring.

- **Approach** : *all the Tovière lifts.*
- **Vertical drop** : *600 m, 400 m of which off-piste.*
- **Aspect** : *south-west.*
- **Technical difficulty** : *not difficult.*
- **Engagement** : *quite serious.*
- **Dangers** : *slides.*
- **Route-finding** : *obvious.*
- **Suitable period** : *all winter.*
- **Monoski** : *very good.*
- **Surf** : *very good.*

ITINERARY : *go down for about 50 meters from the top of the south facing slopes at the top of Tovière to a right-hand bend where the pistes go off towards Tignes. Instead of taking this bend, go over a little col and travers straight across. You come to a large open area which you can ski down anywhere. There are no particular difficulties if the snow quality is alright. A bit further down you reach the Génépy piste which leads to the val Claret.*

VERS CHAMPAGNY

La plus belle traversée inter-stations de la région. Plus de cinquante kilomètres de ski-découverte. Elle se fait dans la journée. Taxi pour le retour; compter 400 F environ selon la station rejointe.

- **Accès** : téléski du Col du Palet.
- **Dénivellation** : 1200 m.
- **Exposition** : sud.
- **Difficulté technique** : Peu Difficile.
- **Engagement** : engagé.
- **Dangers** : avalanches.
- **Cheminement** : complexe; longues traversées.
- **Période propice** : printemps.
- **Monoski et surf** : déconseillé, trop de traversées.

ITINERAIRE : depuis le sommet du téléski, continuer tout droit en montant quelques mètres pour franchir le Col de la Croix des Frêtes. On trouve alors sur la gauche les pentes sud qui font face à la Grande Casse.

Par une succession de longues traversées vers la droite, on atteint le haut d'une large combe dont la rive gauche est surmontée d'une croix, la Combe de la Croix. Il faut l'emprunter jusqu'au moment où elle s'élargit. Prendre alors en traversée vers la droite, traversée assez raide au début. On rejoint ainsi une route d'alpage d'été que l'on devine plus ou moins bien selon l'enneigement et qu'il faut suivre sur 400 ou 500 m pour atteindre les dernières pentes. Celles-ci orientées à l'ouest, mènent au village du Laissonnay. Elles sont souvent pénibles en raison des vieilles coulées qu'il faut traverser. Depuis le Laissonnay, il faut rejoindre le village du Bois en poussant sur les bâtons (20 mn environ). Là, on prend un taxi vers Champagny-le-Bas pour rejoindre les remontées mécaniques vers La Plagne, Montchavin ou les Arcs et Villaroger, au choix. Le retour vers Tignes ou Val d'Isère se fait en taxi depuis ces stations.

VERS CHAMPAGNY

The best travers between resorts in the whole region. A whole day and over 50 kms. Return by taxi; about 400 F depending on the resort you arrive in.

- **Approach**   : *Col du Palet lift.*
- **Vertical drop**   : *1200 m.*
- **Aspect**   : *south.*
- **Technical difficulty** : *not difficult.*
- **Engagement**   : *serious.*
- **Dangers**   : *avalanches.*
- **Route-finding**   : *complicated; long traverses.*
- **Suitable period**   : *spring.*
- **Monoski and surf**   : *not advisable, too much traversing.*

ITINERARY : *from the top of the lift go straight up for a few meters to get over the Croix des Frêtes Col. You come to the south slopes on the left which look onto the Grande Casse, opposite.*

After several long traverses right you get to the top of a big depression with a cross above the left- hand bank. This is the Combe de la Croix and you should go to where it gets wider. Here you turn right and travers a steep slope. You arrive at a summer pasture road which is more or less easy to make out, depending on the snow cover. Follow this for 400 to 500 meters until you get to the last slopes. These are west facing and lead to the village calles Laissonnay. They can be difficult to ski due to old slides which you must cross over. From Laissonnay you have to push on your poles for about 20 minutes to get to the Bois village. Take a taxi from here to Champagny-le-Bas to get to the lifts for La Plagne, Montchavin or Les Arcs and Villaroger. To get back to Tignes or Val d'Isère take a taxi from these resorts.

LOGNAN

D'accès aisé, cette descente un peu courte a aussi le mérite d'être techniquement très abordable pour le skieur moyen. Une bonne école pour le hors-piste, avec en prime une neige rapidement transformée au printemps.

- **Accès** : Télésiège de Grattalu ou du Merle Blanc.
- **Dénivellation** : 600 m, dont 350 m hors-pistes.
- **Exposition** : est.
- **Difficulté technique** : Peu Difficile.
- **Engagement** : peu engagé.
- **Danger** : plaques à vent après les chutes.
- **Cheminement** : évident.
- **Période propice** : tout l'hiver.
- **Monoski et surf** : très bien.

ITINÉRAIRE : du haut du télésiège, prendre la piste de Lognan sur environ 600 m. On parvient ainsi à un embranchement à partir duquel la piste se sépare en deux, la piste rouge de Lognan à droite et la piste bleue du Merle Blanc à gauche. Entre les deux, après avoir contourné d'un côté ou de l'autre un massif rocheux, on découvre une large pente. Un passage plus technique existe au milieu du massif, à condition de traverser la grande cuvette que l'on découvre à gauche de la piste de Lognan. De nombreuses possibilités se présentent ensuite. On aura donc eu soin de repérer sa trajectoire avant de descendre, soit depuis le versant d'en face, soit pendant la montée, pour avoir le moins de traces possible. La descente se poursuit jusqu'au fond de la vallée, entre la piste de Lognan et le ruisseau du Chardonnet. Il faut garder suffisamment de pente dans le bas pour rejoindre les remontées. Sur la droite on peut ainsi atteindre le départ de la Grande Motte, et sur la gauche le bus de Val Claret.

LOGNAN

The access to this short but technically easy run is not difficult. This is a good run to learn how to ski off- piste and is excellent for less experienced skiers especially due to the rapidly transformed snow in spring.

- **Approach** : *Grattalu or Merle Banc lifts.*
- **Vertical drop** : *600 m, 350 m of which are off- piste.*
- **Aspect** : *east.*
- **Technical difficulty** : *not difficult.*
- **Engagement** : *not serious.*
- **Dangers** : *slabs after snow falls.*
- **Route-finding** : *obvious.*
- **Suitable period** : *all winter.*
- **Monoski and surf** : *very good.*

ITINERARY : *ski down the Lognan piste for about 600 meters from the top of the lift. You come to a junction where the piste divides into two, the red piste (Lognan) to the right and the blue piste (Merle Blanc) to the left. Between the two, after skiing around either side of a big mass of rock, you come to a big slope. There is a more technical passage through the rock mass if you travers the big bowl to the left of the Lognan piste. From here there are numerous possibilities. Taking care to pick out ones path before setting off, either from the opposite side of the valley or during the ride up the lift, so as to be where there are as few tracks as possible. Ski down to the bottom of the valley, between the Lognan piste and the ruisseau du Chardonnet. Keep enough slope towards the bottom in order to be able to get back to the lifts.*
This way you can get to the start of the Grande Motte on the right or the Val Claret bus on the left.

LA LANGUE DU GLACIER

Spectaculaire, avec la quasi certitude d'être aperçu par toute la famille depuis la piste, cette descente ne présente en réalité pas de grande difficulté. Si la pente est vraiment forte, par contre la largeur inhabituelle permet le choix de la meilleure trace. En cas de dévisage, la réception est confortable. Se méfier des coulées toujours possibles, particulièrement en début de saison, lorsque le manteau neigeux adhère mal à la glace. La traversée de la barrière rocheuse située en contrebas est plus délicate, surtout par faible enneigement.

- **Accès** : funiculaire de la Grande Motte.
- **Dénivellation** : 350 m.
- **Exposition** : nord.
- **Difficulté technique** : Difficile. Pente: 35° à 45°.
- **Engagement** : peu engagé.
- **Dangers** : s'assurer de la stabilité du manteau neigeux.
- **Cheminement** : évident.
- **Période propice** : printemps.
- **Monoski** : non (rochers dans le bas).
- **Surf** : déconseillé (rochers).

ITINERAIRE : (photo 20) à partir de l'arrivée du Funiculaire, prendre la piste de la Face, puis la quitter vers la gauche en descendant, après avoir traversé les remontées du Double Plan. Continuer la descente sur le glacier en prenant complètement sur la gauche. A la hauteur du départ des téléskis, que l'on ne distingue plus sur la droite, la pente s'incurve progressivement jusqu'à devenir très forte. Parvenu au bas de la langue, prendre à droite dans une sorte de goulet parsemé de rochers. Les passages sont parfois difficiles lorsque l'enneigement est insuffisant. Il faut parfois prendre complètement en traversée vers la droite, dans un équilibre souvent précaire, pour pouvoir rejoindre la piste.

Photo 20 : Grande Motte
La langue du Glacier et le couloir de la Petite Balme

LA LANGUE DU GLACIER

This spectacular run is not difficult and you can be assured that all the family can see you from the piste. The slope may be very steep but it is also very wide so there is plenty of space to find fresh snow to make your own tracks. If you should fall you won't hurt yourself. Watch out for slides which are always possible at the beginning of the season when the snow cover doesn't stick to the ice well. Crossing over the rock face below is a bit more tricky, especially when there is little snow.

- **Approach**   : *Grande Motte funicular.*
- **Vertical drop**   : *350 m.*
- **Aspect**   : *north.*
- **Technical difficulty** : *difficult. 35° to 45° slope.*
- **Engagement**   : *not serious.*
- **Dangers**   : *make sure the snow cover is stable.*
- **Route-finding**   : *obvious.*
- **Suitable period**   : *spring.*
- **Monoski**   : *no (rocks at bottom).*
- **Surf**   : *not advisable (rocks).*

ITINERARY : *(photo 20) take the piste de la Face from the top of the funicular. Having crossed over the Double Plan lifts leave the piste, going left. Carry on down the glacier on the very left - hand side. Once level with the bottom of the button lifts which you can't see to the right, the slope becomes steeper. At the end of the glacier go right into a sort of rock strewn gully. This can be tricky if there isn't enough snow. Sometimes you have to travers far right, on a difficult balancing act, to get back to the piste.*

LA FACE NORD DU GLACIER DE LA GRANDE MOTTE

Facile initiation au ski de glacier et à la haute montagne, cet itinéraire très court n'en présente pas moins des dangers réels. Les crevasses sont bien présentes et pas toujours visibles. On appréciera la beauté du spectacle.

- **Accès** : Téléphérique de la Grande Motte.
- **Dénivellation** : 400 m.
- **Exposition** : nord.
- **Difficulté technique** : Assez Difficile.
- **Engagement** : engagée.
- **Dangers** : crevasses.
- **Cheminement** : grand beau seulement.
- **Période propice** : printemps.
- **Monoski et surf** : technique parfaite indispensable. Montée sur la fin.

ITINÉRAIRE : monter légèrement au-dessus de la sortie du téléphérique pour prendre ensuite en traversée vers l'ouest. Aller vers le petit dôme marqué par une barre rocheuse situé à environ cent mètres. Avant les premiers séracs qui le bordent, on peut commencer une descente prudente du glacier, sur une centaine de mètres. Lorsqu'on atteint le bas des séracs précédents, il faut revenir nettement vers la gauche pour éviter les crevasses situées à droite. On progresse ainsi jusqu'à se trouver presque sous la partie est de la paroi triangulaire du dôme avant de poursuivre la descente verticalement. Arrivée à la hauteur du départ du téléphérique, il faut revenir en légère traversée sur la droite pour rejoindre le faux plat qui mène vers les remontées; cette marche peut s'avérer pénible, et les peaux de phoque peuvent être utiles. Attention, d'une année à l'autre le glacier se déplace, modifiant l'emplacement des crevasses et l'itinéraire. On évitera donc de faire ce trajet sans guide ou sans avoir parfaitement visualisé le parcours auparavant.

NORTH FACE OF THE GRAND MOTTE GLACIER

This short run is a good place to learn about skiing on glaciers in the high mountains. It is not difficult but there are crevasses and these are not always visible. The view is spectacular.

- **Approach** : *Grande Motte cable car.*
- **Vertical drop** : *400 m.*
- **Aspect** : *north.*
- **Technical difficulty** : *quite difficult.*
- **Engagement** : *serious.*
- **Dangers** : *crevasses.*
- **Route-finding** : *only in perfect weather.*
- **Suitable period** : *spring.*
- **Monoski and surf** : *perfect technique essential. Climb at end.*

ITINERARY : *climb slightly above the exit at the top of the cable car travers west. Go towards the little dome indicated by a little cliff, about 100 meters away. Before the first ice falls on the edge you can start skiing carefully down the glacier for about 100 meters. When you get to the bottom of the next ice fall go sharp left to avoid the crevasses on the right. Continue this way until you are nearly below the east end of the triangular face of the dome. Ski down vertically from here. Once level with the start of the cable car travers slightly to the right to the level slope which takes you to the lifts. This can be rather a tedious and it may be useful to take skins. Beware, the glacier moves constantly and changes from year to year. The crevasses will therefore move too, so it is advisable to take a guide or to know exactly where you must go beforehand.*

LA FACE NORD DE PRAMECOU

Peut-être la plus belle face Nord de l'Espace Killy (photo 21). L'approche est grandiose, face à la Grand Casse, et le début de la descente impressionnant. La neige est le plus souvent bonne, mais on se méfiera des risques de coulées. Bonne réserve de poudreuse en fin de saison. Il est prévu à l'avenir un télécabine qui mènera au sommet du Dôme. Cette descente ne risque pourtant pas de devenir une piste balisée... Tout au plus une classique.

- **Accès**   : Funiculaire de la Grande Motte.
- **Dénivellation**   : 950 m; 300 m de couloir.
- **Exposition**   : nord.
- **Difficulté technique**   : Très Difficile. Pente jusqu'à 45°.
- **Engagement**   : engagé.
- **Dangers**   : avalanches après les chutes de neige.
- **Cheminement**   : 15 mn de marche. Corniches. Corde utile, parfois indispensable.
- **Période propice**   : tout l'hiver selon enneigement.
- **Monoski et surf**   : virtuoses seulement: montée, corniche et mur.

ITINERAIRE : à partir de l'arrivée du Funiculaire, prendre vers l'altiport, et le traverser en visant l'extrémité est du Dôme de Pramecou. Parvenu à cet endroit, monter face à l'ouest vers le Col de Pramecou. Une corniche gêne parfois la progression, et il peut être utile de s'encorder pour la franchir. Les peaux de phoque seront appréciées pour la contourner. Une fois au sommet du col, tourner à droite. Le passage vers le bon couloir n'est pas facile à trouver. Il faut se diriger vers le nord jusqu'à l'endroit situé entre le Dôme de Pramecou et la Pointe de Pramecou qui forme une déclivité, comme une sorte de petit col. Le passage se trouve à l'endroit le plus bas. Là encore une corniche assez haute peut obstruer le passage, et la corde peut de nouveau être utile. Une fois dans le couloir la descente s'effectue avec les précautions d'usage, en prenant garde de ne pas déclencher de coulée sur les skieurs situés en contrebas. Rejoindre ensuite l'itinéraire du tour de la Grande Balme (photo 22) qui passe juste en dessous, en affrontant le regard jaloux des skieurs ordinaires.

THE NORTH FACE OF PRAMECOU

This is maybe the most beautiful north face in the Espace Killy (photo 21). The approach is magnificent, opposite the Grand Casse and with a spectacular first descent. The snow is usually very good, but you should watch out for slides. There is often excellent powder at the end of the season. A cable car is due to be built to the top of the Dôme but this slope will not become a marked piste... A classic?

- **Approach**   : *Grande Motte funicular.*
- **Vertical drop**   : *950 m. 300 m. corridor.*
- **Aspect**   : *north.*
- **Technical difficulty** : *very difficult. Up to 45° slope.*
- **Engagement**   : *serious.*
- **Dangers**   : *avalanches after snow falls.*
- **Route-finding**   : *15 minutes walk. Cornices. Rope useful, sometimes absolutely necessary.*
- **Suitable period**   : *spring.*
- **Monoski and surf**   : *virtuosos only: climb, cornice and wall.*

ITINERARY : *from the top of the funicular go towards the altiport. Ski across this heading towards the eastern end of the Dôme de Pramecou. Once here, climb west to the Col de Pramecou. There is a cornice here which can make the going difficult, and it may be useful to rope up to get over it. Skins are useful to go around it. Go right at the top of the col. The passage to the correct corridor is not easy to find. You have to go north to an area between the Dôme de Pramecou and the Pointe de Pramecou where there is a sort of dip, like a little col. The passage is at the lowest point. A fairly big cornice may make the passage difficult, and a rope can again be useful. Once in the corridor ski down taking the usual precautions, and making sure you don't set off a slide onto skiers below. Join up with the tour de la Grande Balme route (photo 22) which goes just below under the jealous eye of the ordinary skiers.*

Photo 21 : Grande Motte, face Nord de Pramecou

LE TOUR DE LA GRANDE BALME

Moins spectaculaire et moins technique que la face Nord précédente, cette descente, appelée parfois Tour de Pramecou, est néanmoins très belle. L'environnement, assez loin des pistes balisées, est superbe. Sur la fin, la technique retrouve ses droits avec un mur large mais pentu.

- **Accès**   : Funiculaire de la Grand Motte.
- **Dénivellation**   : 900 m.
- **Exposition**   : nord.
- **Difficulté technique** : Assez Difficile.
- **Engagement**   : assez engagé.
- **Cheminement**   : rester prudent.
- **Période propice**   : tout l'hiver.
- **Monoski**   : oui, au prix de bons coups de rame.
- **Surf**   : gardez précieusement l'élan, ou faites vous remorquer...

ITINERAIRE : (photo 22) depuis l'arrivée du Funiculaire, prendre vers l'altiport, et le traverser en visant l'extrémité est du Dôme de Pramecou. Il faut terminer le faux plat en pas de patineur si la neige est dure, et en faisant péniblement sa trace dans le cas contraire. S'engager ensuite dans le Passage de la Grand Balme qui longe le Dôme de Pramecou, en direction du nord-ouest. On parvient alors dans une large cuvette qui permet de faire quelques traces au prix d'une petite remontée. Les paresseux resteront en traversée avant d'obliquer vers la droite pour rejoindre un court faux plat et une désagréable montée en escalier.

On peut alors continuer loin vers la gauche pour rejoindre les pentes qui surplombent la piste des Vès. On préférera continuer dans l'axe, face au nord dans une belle combe qui longe la Grand Balme. On contourne celle-ci par une traversée vers la droite facile à trouver qui mène vers un grand plan large et pentu (maxi 35°). La descente jusqu'à la piste Carline ne présente pas de difficultés particulières. La neige tient en général assez bien sur cette pente, mais peut être dangereuse après une chute de neige, particulièrement si le vent a soufflé.

Photo 22 : Grande Motte,
Tour de la Grande Balme et face Nord de Pramecou (à droite)

LE TOUR DE LA GRANDE BALME

Less spectacular and not as technical as the former route, this route sometimes called Tour de Pramecou, is nonetheless very beautiful. This superb area is far from the pistes. There is a technical part towards the end down a steep, but wide slope.

- **Approach**   : *Grande Motte funicular.*
- **Vertical drop**   : *900 m.*
- **Aspect**   : *north.*
- **Technical difficulty** : *quite difficult.*
- **Engagement**   : *quite serious.*
- **Route-finding**   : *be careful.*
- **Suitable period**   : *all winter.*
- **Monoski**   : *yes, if you don't mind pushing.*
- **Surf**   : *keep up your momentum, or get someone to pull you.*

ITINERARY : *(photo 22) go towards the altiport from the top of the funicular and travers towards the far end of the Dôme de Pramecou. If the snow is hard you can skate to the end of the level area, if it is soft you just have to plough your way through. Next go northwest along the Passage de la Grande Balme which runs along the Dôme de Pramecou. You come to a large hollow which gives you the chance to make a few tracks before walking up out a bit. the lazy can travers diagonally right to a short level slope and a horrible climb up.*

From here you can go far left to the slopes above the Vès piste. It is better to continue along the same line, northwards down a beautiful depression which goes alongside the Grand Balme. Go around this on an easy travers to the right which leads to a big open, steep slope (maxi 35°). The descent to the Carline piste is not difficult. The snow doesn't usually slide, but it could be dangerous after a snow fall, especially if it is windy too.

LES COULOIRS DE LA GRANDE BALME

Spectaculaires et fréquentés seulement par quelques connaisseurs, ces trois couloirs plairont aux amateurs d'émotions fortes. Se méfier terriblement de la qualité de la neige qui ne demande qu'à dévaler sur ces pentes abruptes exposées au soleil du matin.

- **Accès** : Funiculaire de la Grand Motte.
- **Dénivellation** : 900 m, dont 250 m de couloir.
- **Exposition** : est.
- **Difficulté technique** : Très Difficile: 40° à 45°.
- **Engagement** : engagé.
- **Dangers** : coulées, dévissage.
- **Cheminement** : peu complexe.
- **Période propice** : à partir de février, selon l'enneigement.
- **Monoski et surf** : pour les très bons seulement.

ITINERAIRE : depuis le funiculaire, procéder comme pour le Tour de la Grande Balme. Une fois sous le Dôme de Pramecou, il faut descendre à droite la belle pente nord qui mène au fond d'un grand cirque. Suivre ce dernier sur son bord droit, en direction du sommet de la Grand Balme. Tout de suite on trouve le premier couloir, puis le second cinquante mètres plus loin, et enfin le troisième. Celui-ci est souvent le plus accessible par enneigement moyen (photo 23).

Au bas des couloirs, on peut rejoindre directement la piste qui descend de la Grand Motte, ou bien rester sur la gauche pour skier les pentes est qui mènent à la piste dans sa partie basse sous le sommet de la Grande Balme.

LES COULOIRS DE LA GRANDE BALME

These three spectacular corridors are only skied by experts and thrill seekers. Be very careful with the snow conditions which have a strong tendency to slide down these steep slopes which get the sun first thing in the morning.

- **Approach** : *Grand Motte funicular.*
- **Vertical drop** : *900 m, 250 m corridor.*
- **Aspect** : *east.*
- **Technical difficulty** : *very difficult: 40° to 45°.*
- **Engagement** : *serious.*
- **Dangers** : *slides.*
- **Route-finding** : *not complicated.*
- **Suitable period** : *from february, depending on snow cover.*
- **Monoski and surf** : *only for experts.*

ITINERARY : *from the top of the funicular go as for the Tour de la Grande Balme. Once below the Dôme de Pramecou you have to ski down to the right on a beautiful north- facing slope which leads to the bottom of a big corrie. Go along the right edge of this towards the summit of the Grand Balme. You immediately come across the first corridor and the second one 50 meters on and finally the third one. This last one is usually the easiest if there is not much snow cover (photo 23).*

At the bottom of the corridors you can get straight onto the piste which goes down to the Grand Motte. Otherwise you can stay left and ski the east slopes which lead to the lower part of the piste below the summit of the Grande Balme.

Photo 23 : Grande Motte
les couloirs de la Grande Balme

LE COULOIR DE LA PETITE BALME

Un moyen original pour redescendre de la Grande Motte. Attention, car l'itinéraire, sans être complexe, ne permet pas l'erreur. Il faut éviter ce parcours par temps incertain, le brouillard pouvant s'avérer mortel.

- **Accès**   : Funiculaire de la Grande Motte.
- **Dénivellation**   : 900 m, dont 700 m de hors-pistes.
- **Exposition**   : nord.
- **Difficulté technique**   : Assez Difficile.
- **Engagement**   : engagé.
- **Danger**   : avalanches; dévissage.
- **Cheminement**   : peu évident. Attention au brouillard.
- **Période propice**   : tout l'hiver.
- **Monoski et surf**   : à éviter. Pour les très bons seulement, mais long faux plat.

ITINERAIRE : depuis le funiculaire, suivre la piste jusqu'à l'intermédiaire du télécabine (cote 2800 m). Prendre la piste Double M, et au premier grand virage à gauche continuer tout droit par une large combe presque horizontale en direction du nord. On atteint ainsi le bout de la barre rocheuse de la Petite Balme, en laissant les pylônes électriques sur la gauche. On trouve là un couloir qui permet d'atteindre une large pente parsemée de petits rochers (photo 20). Assez raide dans sa partie supérieure, elle permet de rejoindre le bas de la piste Génépy, puis Val Claret.

LE COULOIR DE LA PETITE BALME

This is an original way of getting down from the Grande Motte. Be careful because the route, although not complicated, allows no errors. This run should be avoided in bad visibility as fog could prove mortel.

- **Approach** : *Grande Motte funicular.*
- **Vertical drop** : *900 m, 700 of which off- piste.*
- **Aspect** : *north.*
- **Technical difficulty** : *quite difficult.*
- **Engagement** : *serious.*
- **Dangers** : *avalanches and slides.*
- **Route-finding** : *not easy. Watch out for fog.*
- **Suitable period** : *all winter.*
- **Monoski and surf** : *only for experts. To avoid.*

ITINERARY : *from the top of the funicular, go down the piste to in middle station of the télécabine (cote 2800 m). Go along the Double M piste and at the first left- hand bend continue straight on along a wide, almost horizontal depression northwards. You come to the end of the Petite Balme cliff with the electricity pylones to your left. Here there is a wide corridor via which you get to a big, rock strewn slope (photo 20). This slope is quite steep at the top and comes out at the bottom of the Génépy piste, then Val Claret.*

LE COULOIR SUD DE LA GRANDE MOTTE

Un peu au-delà des limites de ce livre, cette descente est plus proche de la randonnée à ski que du hors-piste proprement dit. Nous l'avons cependant mentionnée, tout comme le Col du Montet à Val d'Isère compte tenu de la proximité des pistes et de sa relative facilité d'accès.

- **Accès**   : téléphérique de la Grande Motte.
- **Dénivellation**   : 900 m.
- **Exposition**   : sud.
- **Difficulté technique**   : Difficile.
- **Engagement**   : très engagé.
- **Danger**   : avalanches, dévissage.
- **Cheminement**   : peu complexe; corde indispensable; 45 mn de peaux de phoque pour finir.
- **Période propice**   : printemps.
- **Monoski et surf**   : non.

ITINERAIRE : depuis le sommet du téléphérique de la Grande Motte, se diriger plein sud, en traversée vers une petite échancrure de l'arête est de la Grande Motte. De là on domine le vallon de la Leisse, au fond duquel on peut voir le refuge, 1000 mètres en contrebas. L'accès au couloir est parfois possible à ski, mais très souvent il faut mettre une corde sur 30 mètres environ. La descente est partagée en deux étages. La première partie, un couloir assez large dans le haut et très large dans le bas, avec une pente moyenne de 40°, mène sur un replat (cote 2900 m). Il faut le prendre par la gauche pour trouver un deuxième couloir qui conduit au petit barrage du Plan des Nettes. Il faut alors mettre les peaux de phoque pour remonter vers le télésiège de la Leisse. Compter trois quarts d'heure de marche environ.

LE COULOIR SUD DE LA GRANDE MOTTE

This run comes more under the category of ski touring the off- pistes runs and is therefore some what out of the limits of this book. We have nevertheless mentioned it (like the Col du Montet to Val d'Isère run) due to its proximity to the pistes and its relatively easy access.

- **Approach**   : *Grande Motte cable car.*
- **Vertical drop**   : *900 m.*
- **Aspect**   : *south.*
- **Technical difficulty** : *difficult.*
- **Engagement**   : *very serious.*
- **Dangers**   : *avalanches and slides.*
- **Route-finding**   : *not complicated; rope obligatory; 45 mins climb with skins at the end.*
- **Suitable period**   : *spring.*
- **Monoski and surf**   : *no.*

ITINERARY : from the top of the Grande Motte cable car, go due south. Travers towards a little notch in the east ridge of the Grande Motte. From here you look over the vallon de la Leisse with the hut at the bottom, 1000 meters below. You can sometimes ski to the corridor, but you usually have to use a 30 meter rope. The descent is divided into two stages. The first part is a fairly wide corridor at the top which gets much wider at the bottom. This 40° slope leads to a flat area called cote 2900 m. Go to a second corridor which leads to the little Plan des Nettes dam. Here you put on your skins and climb up to the Leisse chair lift. This takes about three quarters of an hour.

LES OREILLES DE MICKEY

Cette superbe descente qui surplombe le barrage de Tignes, rassemble tous les plaisirs: du couloir à la forêt, en passant par le saut de corniche et la descente libre sur un large plan. Elle doit son nom aux deux antennes accolées du relais hertzien situé au sommet de la pointe du Lavachet. Plusieurs options sont possibles, à commencer par le choix du couloir de départ. Elle se termine soit le long du lac du Chevril, soit à Tignes-le-Lac.

- **Accès**   : toutes les remontées du sommet de Tovière.
- **Dénivellation**   : 850 m, dont 300 m de couloir.
- **Exposition**   : nord-est.
- **Difficulté technique** : Très Difficile. Pente jusqu'à 45°.
- **Engagement**   : engagé.
- **Dangers**   : corniche susceptible de s'effondrer; coulées.
- **Cheminement**   : délicat dans le haut, varié dans le bas.
- **Période propice**   : tout l'hiver.
- **Monoski et surf**   : virtuoses seulement.

ITINERAIRE : depuis le sommet de Tovière, descendre face au nord sur la petite portion de piste qui rejoint en bordure de crête le haut du téléski de Combe Folle. Poursuivre dans cet axe en montant le long de la crête qui mène au sommet de la pointe du Lavachet. On aperçoit très bien la double antenne qu'il faut rejoindre puis dépasser, en la contournant par la gauche (photo 24). Un premier couloir surmonté le plus souvent d'une haute corniche se présente alors sur la droite. La partie gauche de ce couloir, orientée plein est, est large mais pentue. Un second couloir se trouve une trentaine de mètres plus loin; il est plus ouvert et moins raide.

- Variante Tignes le Lac: en bas des couloirs, avant le grand faux plat, prendre en traversée à gauche vers la station. On trouve bientôt une belle pente orientée au nord-ouest, le Pas de la Tovière, qui ne comporte pas de difficulté. Très bonne neige en général, mais avec quelques risques de plaques à vent. Garder suffisamment d'altitude pour pouvoir rejoindre Tignes.

- Variantes du Lac du Chevril: poursuivre la descente sur le Pas de la Tovière, face au nord vers le ruisseau du Lac. En amont des sources nommées Gouilles de Salin, revenir vers la forêt que l'on aperçoit sur la droite et la traverser. On peut aussi poursuivre vers le ruisseau pour prendre la rive gauche vers le village des Combes. Descendre ensuite vers le Lac du Chevril. Il faut revenir à droite suffisamment tôt pour rejoindre l'ancien pont de la route qui reliait le vieux village de Tignes, aujourd'hui submergé, à Val d'Isère. Il permet de traverser l'Isère à l'extrémité est du lac pour rejoindre le village de la Reculaz situé sur l'autre rive. Compter 20 minutes de marche en montée. A la Reculaz, prendre un taxi jusqu'à Val d'Isère.

Bien entendu cette variante ne peut être entreprise que si le niveau du lac est suffisamment bas pour que le pont sorte de l'eau. S'en assurer auparavant!

- Variante de la Daille: en bas des couloirs, rejoindre complètement sur la droite l'Altiport et le bas de la Familiale Sud. Cette option peut être très agréable au printemps.

LES OREILLES DE MICKEY

This magnificent run which overlooks the Tignes dam includes all the pleasures of forest skiing, open slopes, corridors and jumping cornices. Its name comes from the antennae attached either side of the hertzien relay station at the top of the pointe du Lavachet. There are many possibilities, starting with the choice of corridor at the start. You can finish either next to the Chevril lake or at Tignes le Lac.

- *Approach* : *all the lifts from the top of Tovière.*
- *Vertical drop* : *850 m. 300 m corridors.*
- *Aspect* : *north-east.*
- *Technical difficulty* : *very difficult. Up to 45° slope.*
- *Engagement* : *serious.*
- *Dangers* : *cornice liable to collapse; slides.*

- **Route-finding**   : *tricky at the top, varied at bottom.*
- **Suitable period**   : *all winter.*
- **Monoski and surf**   : *virtuosos only.*

ITINERARY : *from the top of the Tovière, ski northwards along a small part of the piste which joins the top of the Combe Folle lift, on the edge of a crest. Keep going in this direction up along the crest to the summit of the pointe du Lavachet. Go past the double antennae to its left (photo 24). On the right there is the first corridor, often with a big cornice above it. The left, east facing side of this corridor is wide, but steep. About thirty meters further on there is a second corridor; it is more open and not so steep.*

- Tignes le Lac variant: *at the bottom of the corridors take the travers left towards the resort before the level area. You soon get to a beautiful north- west facing slope, le Pas de la Tovière. This slope is not difficult and the snow is usually good although there can be the risk of slabs. Keep high enough to be able to get back to Tignes.*

- Lac du Chevril variant: *carry on down the Pas de la Tovière slope towards the ruisseau du Lac. From above the springs called the Gouilles de Salin, go towards the forest situated to the right of the travers. You can also carry on to the stream and take the right bank to the village called Combes. Then ski down towards the Lac du Chevril. You have to cut right quite early on in order to get to the bridge on the road from the old Tignes village (now under water) to Val d'Isère. This allows you to cross over the Isère at the east end of the lake and get the village of la Reculaz on the right- hand bank. There is about a 20 mins walk up to la Reculaz from where you can take a taxi to Val d'Isère.*

This variant can only be taken if the water is low enough to expose the bridge. Make sure before you leave.

- La Daille variant: *at the bottom of the corridors go far right to the Altiport and the bottom of the Familiale Sud. This can be a very nice variant in spring.*

Photo 24 : Tignes le Lac, les Oreilles de Mickey

LE COULOIR DU CHARDONNET

Un beau couloir, dans un secteur très abrité où la neige poudreuse reste assez bonne, même après un peu de vent.

- **Accès**   : télésiège du Merle Blanc.
- **Dénivellation**   : 300 m.
- **Exposition**   : nord.
- **Difficulté technique**   : Difficile.
- **Engagement**   : assez engagé.
- **Danger**   : avalanches.
- **Cheminement**   : 10 mn de marche.
- **Période propice**   : tout l'hiver.
- **Monoski et surf**   : pour les très bons.

ITINERAIRE : depuis l'arrivée du télésiège du Merle Blanc, prendre à droite, vers le nord, et monter une cinquantaine de mètres de dénivelé pour rejoindre un petit col qui se trouve sur l'arête est de la Pointe du Chardonnet. De là, face au nord, s'ouvre un couloir assez raide (40°) mais large, qui descend sur une centaine de mètres. Il donne sur une belle pente, moins abrupte, que l'on peut skier sur toute sa largeur jusqu'au Lac du Chardonnet. On le traversera pour remonter une dizaine de mètres et rejoindre ainsi le télésiège du Grand Huit.

LE COULOIR DU CHARDONNET

This is a beautiful corridor in a very sheltered area where the powder snow stays good, even after a bit of wind.

- **Approach**   : *Merle Blanc chair lift.*
- **Vertical drop**   : *300 m.*
- **Aspect**   : *north.*
- **Technical difficulty** : *difficult.*
- **Engagement**   : *quite serious.*
- **Dangers**   : *avalanches.*
- **Route-finding**   : *10 mins walk.*
- **Suitable period**   : *all winter.*
- **Monoski and surf**   : *for experts.*

ITINERARY : *from the top of the Merle Blanc chair lift, go up northwards to the right for about 50 meters to a little col on the east ridge of la Pointe du Chardonnet. From here a steep (40°), north- facing corridor goes down about 100 meters. This wide slope leads to another not so steep slope. You can ski across the whole width of this slope all the way down to the Lac du Chardonnet. Go across this and climb up about 10 meters to the Grand Huit chair lift.*

PEIZEY PAR LE COL DE LA TOURNE

Encore une belle traversée inter-stations, un peu plus difficile techniquement que la descente sur Champagny. Toujours le taxi pour rentrer.

- **Accès** : télésiège de la Tourne.
- **Dénivellation** : 1100 m.
- **Exposition** : ouest dans le haut, puis nord.
- **Difficulté technique** : Assez Difficile dans la partie basse.
- **Engagement** : engagé.
- **Danger** : dévissage dans le bas.
- **Cheminement** : complexe; 20 mn de montée.
- **Période propice** : printemps.
- **Monoski et surf** : déconseillé: montée, traversées et faux plat.

ITINERAIRE : depuis le télésiège de la Tourne, suivre la piste Perce Neige sur 50 mètres, puis monter à pied face à l'ouest environ 20 mn pour atteindre le Col de la Tourne. De là on descend dans une large vallée en direction du sud-ouest. Il faut ensuite revenir à droite vers le nord-ouest. Par de très longues traversées on atteint le chalet des Gardes du Berthoud, reconnaissable à son toit très pointu et recouvert de bardeaux. On le laissera sur la droite pour suivre le ruisseau sur 200 m environ. Aux premiers arbres il faut passer sur la rive gauche pour retrouver un sentier d'été que l'on remonte sur quelques mètres. Par un cheminement assez exposé, on atteint une large pente raide, souvent en boules d'avalanches très dures qu'il faut traverser. Attention au dévissage. La pente s'adoucit pour conduire au chalet refuge de Rosuel.

En poussant sur les bâtons une dizaine de minutes, on suit la route jusqu'au pont Baudin où une navette toutes les demi-heures permet de rejoindre les remontées mécaniques de Peizey. De là on peut atteindre les Arcs, puis Villaroger où l'on aura prévu un taxi pour rejoindre Tignes ou Val d'Isère.

PEIZEY VIA THE COL DE LA TOURNE

This is another great run between resorts. It is a bit more difficult technically than the run down to Champagny and you take a taxi back.

- **Approach** : *Tourne chair lift.*
- **Vertical drop** : *1100 m.*
- **Aspect** : *west at top, then north.*
- **Technical difficulty** : *quite difficult in the lower section.*
- **Engagement** : *serious.*
- **Route-finding** : *complicated; 20 mins climb.*
- **Suitable period** : *spring.*
- **Monoski and surf** : *not recommended: climb, traverses and flat areas.*

ITINERARY : from the top of the Tourne chair lift, follow the Perce Neige piste for 50 meters, then walk up west for about 20 minutes to the Col de la Tourne. From here you ski down a wide southwest facing valley. Then go right north- westwards. After a long travers you reach the Gardes du Berthoud chalet which you can easily recognize by its pointed roof, covered in wooden slates. Go to the left of it and follow the stream for about 200 meters. When you arrive at the first trees you should go to the left- hand bank where you walk up a summer path for a few meters. The route is quite risky which leads to a wide, fairly steep slope which you must travers. There are often hard balls of snow from avalanches. Be careful not to slide. The slope becomes less steep as it leads towards the Rosuel chalet hut.

Push on you ski sticks for about 12 mins along the road to the Baudin bridge. Buses stop here every half hour and take you back to the Peizey lifts. From here you can get to Les Arcs and Villaroger. Otherwise you can order a taxi beforehand to take you back to Tignes or Val d'Isère.

LES PENTES DU LAVACHET

De belles descentes faciles d'accès, qui dominent la station de Tignes le Lac. Gros danger après les chutes de neige sur ce versant exposé au vent.

- **Accès**   : Aéroski.
- **Dénivellation**   : 600 m.
- **Exposition**   : nord-ouest.
- **Difficulté technique** : Difficile.
- **Engagement**   : peu engagé.
- **Danger**   : avalanches; dévissage.
- **Cheminement**   : évident.
- **Période propice**   : tout l'hiver.
- **Monoski et surf**   : pour les bons.

ITINERAIRE : du haut de l'Aéroski, prendre la piste des Crêtes puis descendre les pentes qui se trouvent à droite du téléski de Combe Folle. Un peu avant d'arriver au départ de ce téléski, faire une longue traversée vers la droite pour passer sous les paravalanches du sommet de la Pointe du Lavachet. On atteint ainsi le haut des pentes du Lavachet, juste au-dessus de la station. De 35° à 40°, elle peuvent se skier sur toute leur largeur, en se méfiant terriblement des avalanches.

THE LAVACHET SLOPES

These slopes are easy to get to and they overlook Tignes le Lac. This wind- blown slope is nevertheless very dangerous after snow falls.

- **Approach**   : *Aéroski.*
- **Vertical drop**   : *600 m.*
- **Aspect**   : *north- west.*
- **Technical difficulty** : *difficult.*
- **Engagement**   : *not serious.*
- **Dangers**   : *avalanches and slides.*
- **Route-finding**   : *obvious.*
- **Suitable period**   : *all winter.*
- **Monoski and surf**   : *for experts.*

ITINERARY : take the Crêtes piste from top of the Aéroski and go down the slopes to the right of the Combe Folle lift. Just before the start of this lift travers right below the avalanche protections from the top of the Pointe du Lavachet. You come out at the top of the Lavachet slopes, just above the resort. You can ski the whole width of these 35° to 40° slopes, always being vary vary of avalanches.

LES COULOIRS DES TUFS

Plusieurs couloirs très étroits au voisinage immédiat des pistes, voici qui réjouira les amateurs. Cette proximité ne doit pas faire oublier les risques et la difficulté technique.

- **Accès** : Aéroski.
- **Dénivellation** : 600 m dont 400 m hors-pistes.
- **Exposition** : ouest.
- **Difficulté technique** : Difficile, plus de 35°.
- **Engagement** : assez engagé.
- **Danger** : cascade difficile à passer par faible enneigement.
- **Cheminement** : peu complexe, mais il est difficile de trouver quel couloir choisir.
- **Période propice** : tout l'hiver.
- **Monoski et surf** : non, trop étroit.

ITINERAIRE : du haut de Tovière, prendre la piste H vers Tignes, jusqu'au premier grand replat, lorsque la piste décrit un long virage sur la gauche. Là il faut quitter la piste sur la droite, en traversée vers l'ouest pour passer juste en dessous du massif rocheux à travers quelques cascades. On atteint rapidement le haut des couloirs, qui sont tous de la même difficulté. Il faut descendre jusqu'en bas celui que l'on a choisi. Les couloirs débouchent sur une large pente qui va en s'adoucissant et au bas de laquelle, sur la gauche, on rejoint le village des Chartreux. Il est ensuite facile d'atteindre la route et la navette Tignes le Lac-Val Claret.

THE TUFS CORRIDORS

These very narrow corridors are right next to the pistes, but this doesn't mean they are not dangerous or technically difficult.

- **Approach** : *Aéroski.*
- **Vertical drop** : *600 m, 400 m off- piste.*
- **Aspect** : *east.*
- **Technical difficulty** : *difficult. More than 35° slope.*
- **Engagement** : *quite serious.*
- **Danger** : *ice fall which is difficult to get past if there isn't enough snow.*
- **Route-finding** : *not complicated, but difficult to choose which corridor to go down.*
- **Suitable period** : *all winter.*
- **Monoski and surf** : *no, too narrow.*

ITINERARY : *from the top of Tovière, take the H piste towards Tignes until you get to the first level area where the piste makes a long left turn. Leave the piste, traversing right, westwards above a rocky outcrop. You soon come to the top of the corridors, all of the same difficulty. Go to the bottom of whichever one you choose. They all end up on a wide slope which get gradually shallower until you reach the Chartreux village on the left. From here it is easy to get to the road and the Tignes le Lac- Val Claret buses.*

LE VALLON DE LA SACHE

La grande classique de Tignes, dans un très beau décor, avec un dénivelé confortable. La neige est souvent très bonne, surtout dans le haut.

- **Accès** : télésiège de l'Aiguille Percée et télésiège du Marais.
- **Dénivellation** : 900 m.
- **Exposition** : nord.
- **Difficulté technique** : Peu Difficile. Très Difficile dans l'option des gorges.
- **Engagement** : assez engagé.
- **Dangers** : barres rocheuses dans le bas (gorges).
- **Cheminement** : peu complexe.
- **Période propice** : tout l'hiver.
- **Monoski et surf** : bien mais quelques plats.

ITINERAIRE : depuis le sommet du télésiège de l'Aiguille Percée, monter de quelques mètres dans l'axe de la remontée. En s'avançant sur le petit dôme, on a alors deux possibilités: un couloir assez pentu sur la droite, ou bien une descente plus douce entre quelques rochers sur la gauche. Le couloir fait une bonne cinquantaine de mètres, et amène le long de la piste noire du Vallon de la Sache, que l'on suit sur la gauche jusqu'à un long faux plat où il pourra être intéressant de la rejoindre. La descente de l'autre côté mène vers un large vallon où la pente risque d'être insuffisante par neige fraîche; il est donc préférable de revenir dès que possible vers la droite.

Après le faux plat, on peut de nouveau quitter la piste vers la gauche pour les très belles pentes qui mènent vers une combe surmontée au nord par les rochers de la Grande Pareil. On restera sur la droite de cette combe pour pouvoir rejoindre la piste en traversée dès les premiers arbres, avant les gorges.

Variante des gorges: ceux qui aiment les sensations fortes peuvent rejoindre le fond des gorges en prenant à gauche de la combe que nous venons de citer, pour passer au pied de la Grande Pareil. La pente, orientée plein est, est très raide. Une autre option consiste à emprunter le petit couloir abrupt (45°) que l'on peut trouver à gauche de la piste du Vallon de la Sache. Il faut revenir à droite dès que possible pour rejoindre la piste, car le bas des gorges est absolument infranchissable.

LE VALLON DE LA SACHE

A great classic in Tignes in beautiful surroundings and with a good vertical drop. The snow is often very good, especially at the top.

- **Approach**   : *Aiguille Percée chair lift and Marais chair lift.*
- **Vertical drop**   : *900 m.*
- **Aspect**   : *north.*
- **Technical difficulty** : *not difficult. Very difficult in the gorges option.*
- **Engagement**   : *quite serious.*
- **Dangers**   : *cliffs at the bottom (gorges).*
- **Route-finding**   : *not complicated.*
- **Suitable period**   : *all winter.*
- **Monoski and surf**   : *good but a few level areas.*

ITINERARY : *from the top of the Aiguille Percée chair lift climb up a few meters in the same direction as the lift. Go up a little dome from where there are two possibilities: a fairly steep corridor to the right, or a shallower slope between two rocks to the left. The corridor is a go 50 meters and leads alongside the Vallon de la Sache back run. Go along the left- hand side of this until a long level slope. The descent to the other side goes to a wide depression where the slope may not be steep enough in fresh snow; in this case it is better to go to the right as soon as possible.*

After the level area you can either leave the piste again, going left to the beautiful slopes which go towards a dip with the Grande Pareil rock above it to the north. Stay to the right of this dip in order to be able to get back to the piste by traversing at the first trees, before the gorges.

Gorges variant: *for those who like thrills it is possible to get to the bottom of the gorges by going left at the dip to the foot of the Grande Pareil. This east- facing slope is very steep. The other option is to go down a little, steep corridor (45°) which is on the left of the Vallon de la Sache piste. You must go back right as soon as possible to get back to the piste because the bottom of the gorges are totally impossible to get down.*

LE GLATTIER

Une belle et large pente, facile d'accès, à faire tôt le matin pour profiter de la neige transformée au printemps.

- **Accès**   : télésiège de l'Aiguille Rouge.
- **Dénivellation**   : 500 m.
- **Exposition**   : est.
- **Difficulté technique** : Facile.
- **Engagement**   : peu engagé.
- **Danger**   : coulées.
- **Cheminement**   : navette pour remonter.
- **Période propice**   : printemps.
- **Monoski et surf**   : très bien.

ITINERAIRE : en haut du télésiège de l'Aiguille Rouge, prendre la piste du Petit Col. A l'endroit où elle se sépare de la piste du Rhododendron, se diriger plein est. On trouve alors une large combe. Prendre le meilleur versant selon la qualité de la neige. La combe se resserre un peu vers le bas pour arriver sur le paravalanche du Glattier. De là une navette permet de remonter au Lac de Tignes. Regarder les horaires.

LE GLATTIER

A beautiful, wide, easily accessible slope which should be skied early in the morning to make the most of the transformed snow in spring.

- **Approach**   : *Aiguille Rouge chair lift.*
- **Vertical drop**   : *500 m.*
- **Aspect**   : *east.*
- **Technical difficulty** : *easy.*
- **Engagement**   : *not serious.*
- **Danger**   : *slides.*
- **Route-finding**   : *bus to get back up.*
- **Suitable period**   : *spring.*
- **Monoski and surf**   : *very good.*

ITINERARY : *go down the Petit Col piste from the top of the Aiguille Rouge chair lift. Where it separates from the Rhododendron piste, go due east. You come to a large dip. Go along whichever side has the best snow. The depression gets narrower towards the bottom and comes out on the Glattier avalanche protection. From here you can take the bus up to the Tignes lake. Look at the timetable beforehand.*

Notes

1ère partie: vers une pratique responsable du ski hors-piste

2ème partie: description des itinéraires

VAL D'ISERE

MASSIF DE BELLEVARDE

MASSIF DE SOLAISE

MASSIF DU FORNET

Table des matières

TIGNES

Table of contents

Part one : responsible off-piste practice

Part two : Route Descriptions

VAL D'ISERE

BELLEVARDE

SOLAISE

FORNET

HIÂÂR!
HIÂÂR !!

RIGLOS

vamos

l'invitation au voyage

**DES TOPOS VENUS
D'AILLEURS**

''Escalades en Espagne / *Climbing in Spain*'' (1990)

256 pages, 1500 voies, les 20 sites majeurs d'Espagne.
Une bible indispensable pour grimper au chaud toute l'année.
119,00 francs.

''Chamonix, les écoles d'escalade / *Crag Climbs in Chamonix*'' (1991)

Toutes les voies de toutes les falaises de la capitale mondiale de l'alpinisme; y compris les blocs.
89,00 francs.

''Du Buet au Mont Blanc, découvrir l'alpinisme à Chamonix'' (1990)

Un livre qui s'adresse à tous ceux qui rêvent de devenir alpiniste.
- Les bases théoriques indispensables.
- Une sélection de courses faciles, décrites avec précision.
- Une sélection de courses peu difficiles, conduisant pas à pas jusqu'au au sommet du Mont Blanc. 124 pages, 23 photos couleur ou noir et blanc.
79,00 francs.

"Chamonix Hors-Pistes / *Off Piste*" (1991)

Toute les descentes de rêve de la Mecque du SKI HORS-PISTES, avec bien sûr: la Vallée Blanche, le Pas de Chèvre, le glacier de Toule ...

«les auteurs connaissent leur domaine et le font connaître avec un souci de professionnalisme» (VERTICAL n° 33).

204 pages, 27 photos.

89,00 francs.

"Thaïlande: escalades / *rock climbing*" (1991)

Les cathédrales de la mer.

Un topo luxueux à offrir à vos amis hallucinés.

224 pages, 40 photos couleur.

149,00 francs.

En vente dans toutes les librairies de montagne et magasins de sport spécialisés, ou par correspondance:

Adressez votre commande à:

vamos

B.P. 3

74400 ARGENTIÈRE

- Accompagnée d'un chèque bancaire ou postal à l'ordre de: *F. BURNIER* et *D. POTARD.*

- En mentionnant bien:

    le (s) livre (s) que vous souhaitez acquérir

    vos nom, prénom et adresse

Les frais de port sont inclus. Livraison rapide.

---

vamos

Invitation to travel

TOPOS FROM OTHER PLACES

"Escalades en Espagne / Climbing in Spain" (1990)

259 pages, 1500 routes, 20 major spanish sites.
Indispensable bible for climbing in the warmth, all year round.
119 F.F. / S 20 U.S..

"Chamonix Hors Piste / Off Piste" (1991)

Every "dream run" in the Mecca of OFF-PISTE, with of course
the great classics such as the Vallée Blanche, the Pas de Chè-
vre, the Glacier de Toule. 204 pages, 27 photos.
89 F.F. / S 15 U.S.

"Chamonix, les écoles d'escalade / Crag Climbs in Chamonix" (1991)

"Ecole d'escalade" translates as "training cliff". Every route
on every cliff in the "World Capital of Alpinism"; including the
bouldering areas. 4 pages of introduction in english.
89 F.F. / S 15 U.S.

"Escalades en Thaïlande / Rock climbing in Thailand" (1991)

Sea cathedrals. A travel-guide and topo to drool over with your
friends. 224 pages, 40 colour photos.
149 F.F. / S 25 U.S.

Order from:

VAMOS EDITIONS, *B.P. 03 - 74400 CHAMONIX*
ARGENTIÈRE FRANCE.

Payment by International Postal Money Order (with command).